DEN IDEELL

2022

CHOKLADPROTEINBASER

100 läckra och näringsrika recept för att göra dina egna barer

Elsa Lindholm

INNEHÅLLSFÖRTECKNING

INTRODUKTION

Chokladens historia

Innan du biter i en slät, rik mjölkbar bör du veta att chokladen inte alltid var så söt. De var traditionellt en bitter dryck. Choklad hittades ursprungligen i de tropiska regnskogarna i Centralamerika.

Choklad odlades av mesoamerikanerna, och den gamla stammen trodde att choklad innehöll mystiska krafter. Det var också känt för sina afrodisiakum egenskaper och andliga egenskaper. Kakaobönan dyrkades av mayafolket. Och de var endast reserverade för de ädlaste dignitärerna, härskare, krigare och präster. Det var också en form av valuta i Maya-regionen.

1828 grundades kakaopressen. Denna maskin skulle separera kakaosmör och kakaopulver från kakaobönorna. 1887 beslutade en schweizisk chokladproducent att lägga mjölk i hopkoket. Han letade efter ett sätt att bevara mjölkchokladen under lång tid och därför introducerades mjölkchoklad till världen. Från och med då var choklad lätt tillgänglig för massorna. Med marknadsföring och mer produktion blev choklad nu en delikatess som alla kan njuta av.

CHOKLADBAGAR OCH RUTOR

1. Veganska proteinbars

Ingredienser:

- 1/3 kopp amarant.

- 3 msk vanilj eller veganskt proteinpulver utan smak.

- 1 1/2-2 msk lönnsirap.

- 1 kopp sammetslent saltat jordnöts- eller mandelsmör

- 2-3 msk smält mörk vegansk choklad.

Vägbeskrivning

a) Poppa din amarant genom att värma en stor gryta över medelhög värme.

b) Tillsätt jordnöts- eller mandelsmör och lönnsirap i en medelstor skål och rör om för att integreras.

c) Tillsätt proteinpulver och rör om.

d) Inkludera poppad amaranth lite i taget tills du har en lös "deg" konsistens. Var försiktig så att du inte tar med för mycket, annars kan stängerna förlora sin klibbighet och kommer inte att hålla ihop.

e) Lägg över blandningen i ugnsformen och tryck till ett jämnt lager. Lägg bakplåtspapper eller plastfolie ovanpå och använd plattbottnade saker som ett vätskemått för att trycka ner och ladda blandningen i ett jämnt, starkt packat lager.

f) Överför till frysen för att stelna i 10-15 minuter eller tills sällskap vid beröring. Lyft sedan upp och skär i 9 barer. Njut av den som den är, eller ringla över lite smält mörk choklad.

g) Dessa blir lite mjuka i rumstemperatur, så förvara i kylen (ca 5 dagar) eller frysen.

2. Puffad quinoabar

Ingredienser:

- 3 msk kokosolja.

- 1/2 kopp rå kakaopulver.

- 1/3 kopp lönnsirap.

- 1 msk tahini

- 1 tsk kanel.

- 1 tsk vaniljpulver.

- Havssalt.

Vägbeskrivning

a) Smält kokosolja, rå kakao, tahini, kanel, lönnhavet, sirap och vaniljsalt i en liten kastrull på medelhög värme tills det blir en tjockare chokladblandning.

b) Lägg chokladsåsen över den poppade quinoan och blanda väl. Ös en stor matsked av chokladcrispies i små bakformar.

c) Ställ in dem i frysen i minst 20 minuter för att stelna. Förvara i frysen och njut!

3. Matcha cashewkoppar

Ingredienser:

- 2/3 kopp kakaosmör.

- 3/4 kopp kakaopulver.

- 1/3 kopp lönnsirap.

- 1/2 kopp cashewsmör, eller vad du vill.

- 2 tsk matchapulver.

- Havssalt.

Vägbeskrivning:

a) Fyll en liten panna med 1/3 kopp vatten och placera en skål ovanpå, som täcker pannan. När skålen är varm och vattnet under kokar smälter kakaosmöret inuti skålen, sätt på värmen och. När det har smält, ta bort från värmen och rör ner lönnsirap och kakao i ett par minuter tills chokladen tjocknar.

b) Använd en medelstor muffinshållare och fyll det nedre lagret med en generös matsked av chokladblandningen. När du har fyllt alla muffinshållare, ställ in dem i frysen i 15 minuter för att stelna.

c) Ta ut den frysta chokladen ur frysen och lägg 1 msk storlek av matcha/cashewsmördegen ovanpå det frysta chokladlagret. Så fort detta är gjort, häll den kvarvarande smälta chokladen över varje klick, så att den täcker vad som helst. Strö över havssalt och låt stå i frysen i 15 minuter.

4. Kikärtschokoskivor

Ingredienser:

- 400 g burk kikärter, sköljda, avrunna.

- 250 g mandelsmör.

- 70 ml lönnsirap.

- 15 ml vaniljpasta.

- 1 nypa salt.

- 2 g bakpulver.

- 2 g bakpulver.

- 40 g veganska chokladchips.

Vägbeskrivning

a) Värm ugnen till 180°C/350°F.

b) Smörj en stor bakform med kokosolja.

c) Kombinera kikärter, mandelsmör, lönnsirap, vanilj, salt, bakpulver och bakpulver i en matmixer.

d) Mixa tills det är slätt. Rör ner hälften av chokladbitarna, fördela smeten i den förberedda bakformen.

e) Strö över reserverade chokladchips.

f) Grädda i 45-50 minuter eller tills en insatt tandpetare kommer ut ren.

g) Kyl på galler i 20 minuter. Skiva och servera.

5. Bananbarer

Ingredienser:

- 130 g slätt jordnötssmör.
- 60 ml lönnsirap.
- 1 banan, mosad.
- 45 ml vatten.
- 15 g malda linfrön.
- 95 g kokt quinoa.
- 25 g chiafrön.
- 5 ml vanilj.
- 90 g snabbkokhavre.
- 55 g fullkornsmjöl.
- 5 g bakpulver.
- 5 g kanel.
- 1 nypa salt.

Garnering:

- 5 ml smält kokosolja.
- 30 g vegansk choklad, hackad.

Vägbeskrivning

a) Värm ugnen till 180°C/350°F.

b) Klä 16 cm ugnsform med bakplåtspapper.

c) Blanda linfrön och vatten i en liten skål. Lägg åt sidan 10 minuter.

d) I en separat skål, kombinera jordnötssmör, lönnsirap och banan. Vänd ner linfröblandningen.

e) När du har en slät blandning, rör ner quinoa, chiafrön, vaniljextrakt, havre, fullkornsmjöl, bakpulver, kanel och salt.

f) Häll smeten i förberedd ugnsform. Skär i 8 barer.

g) Grädda stängerna i 30 minuter.

h) Under tiden gör du toppingen; kombinera choklad och kokosolja i en värmesäker skål. Ställ över sjudande vatten, tills det smält.

i) Ta ut stängerna från ugnen. Lägg på galler i 15 minuter för att svalna. Ta bort barerna från ugnsformen och ringla över chokladtoppning. Tjäna.

6. Kanderad baconkola rutor

Ingredienser:

- 8 skivor bacon
- $\frac{1}{4}$ kopp ljust farinsocker, ordentligt packat
- 8 MATSKEDAR smör, mjukat
- 2 MSK osaltat smör, mjukat
- ⅓kopp mörkt farinsocker, ordentligt packat
- ⅓kopp konditorisocker
- 1$\frac{1}{2}$ dl universalmjöl
- $\frac{1}{2}$ tsk salt
- $\frac{1}{2}$ dl kolabitar
- 1 dl mörk chokladchips
- ⅓kopp hackad mandel

Vägbeskrivning

a) Värm ugnen till 350°F (180°C). I en medelstor skål, släng bacon och ljust farinsocker och arrangera i ett enda lager på en plåt.

b) Grädda i 20 till 25 minuter eller tills bacon är gyllene och krispigt. Ta ut ur ugnen och låt svalna i 15 till 20 minuter. Hacka i små bitar.

c) Sänk ugnstemperaturen till 340°F (171°C). Klä en 9×13-tums (23×33 cm) bakplåt med aluminiumfolie, spraya med nonstick-spray och ställ åt sidan.

d) I en stor skål, blanda smör, osaltat smör, mörkt farinsocker och konditorsocker med en elektrisk mixer på medelhastighet tills det är ljust och fluffigt. Tillsätt universalmjöl och salt gradvis, blanda tills det precis är blandat. Rör i $\frac{1}{4}$ kopp kolabitar tills de är jämnt fördelade.

e) Tryck ut degen i den förberedda formen och grädda i 25 minuter eller tills den är gyllenbrun. Ta ut ur ugnen, strö över mörk chokladflis och låt stå i 3 minuter eller tills chipsen mjuknat.

f) Fördela mjuk choklad jämnt ovanpå och strö över mandel, kanderad bacon och resterande $\frac{1}{4}$ kopp kolabitar. Låt svalna i 2 timmar eller tills chokladen stelnat. Skär i 16 2-tums (5 cm) fyrkanter.

g) Förvaring: Förvara i en lufttät behållare i kylen i upp till 1 vecka.

7. Chokladproteinnötstänger

Portioner: 12 barer   Beredningstid: 1 timme

Ingredienser:

- 100 % rent nötsmör, 250 g
- Rostat frö, 1 $\frac{1}{2}$ tesked
- Fettfri yoghurt naturell, 110 g
- 100% vassleproteinpulver, 100 g
- Kanel, 1 $\frac{1}{2}$ tsk
- Rå kakaonibs, 4 teskedar
- 85% mörk choklad, 100 g
- Rent vaniljextrakt, 1 matsked
- 100% ärtproteinpulver, 30 g

Vägbeskrivning

a) Tillsätt alla ingredienser utom chokladen i matberedaren och mixa tills den är slät.

b) Gör 12 barer av blandningen och ställ dem i kylen i 30 minuter.

c) När barerna är fasta, smält choklad i mikrovågsugn och doppa varje bar i den och täck väl.

d) Lägg överdragna barer på en plåt och ställ i kylen igen i 30 minuter eller tills chokladen är fast.

e) Njut av.

8. Tyska chokladproteinkakor

Portioner: 12 barer

Ingredienser:
- Havre, 1 kopp
- Strimlad kokos, ½ kopp + ¼ kopp, delad
- Sojaproteinpulver, ½ kopp
- Pekannötter, ½ kopp + ¼ kopp, hackade, delade
- Vatten, upp till ¼ kopp
- Kakaopulver, ¼ kopp
- Vaniljextrakt, 1 tesked
- Kakaonibs, 2 matskedar
- Salt, ¼ tesked
- Medjool dadlar, 1 kopp, urkärnade och blötlagda i 30 minuter

Vägbeskrivning:

a) Bearbeta havre till fint mjöl, tillsätt sedan kakaopulver och proteinpulver, bearbeta igen.

b) Häll under tiden av dadlarna och lägg dem i matberedaren. Pulsera i 30 sekunder och tillsätt sedan ½ dl riven kokos och ½ dl pekannöt följt av salt och vanilj.

c) Bearbeta igen och fortsätt tillsätt vatten lite i taget och forma deg.

d) Lägg degen i en stor skål och tillsätt resterande pekannötter och kokos följt av kakaonibs.

e) Lägg degen på bakplåtspapper och täck den med ett annat bakplåtspapper och forma en tjock fyrkant.

f) Kyl i 2 timmar, ta sedan bort bakplåtspapper och skär i 12 barer av önskad längd.

9. Trippel chokladproteinkakastänger

Ingredienser:

- Havremjöl, 1 kopp
- Bakpulver, $\frac{1}{2}$ tesked
- Mandelmjölk, $\frac{1}{4}$ kopp
- Chokladvassleproteinpulver, 1 skopa
- Stevia bakblandning, $\frac{1}{4}$ kopp
- Mandelmjöl, $\frac{1}{4}$ kopp
- Mörk chokladchips, 3 matskedar
- Salt, $\frac{1}{4}$ tesked
- Valnötter, 3 matskedar, hackade
- Osötat mörkt kakaopulver, 3 matskedar
- Osötad äppelmos, 1/3 kopp
- Ägg, 1
- Vanlig grekisk yoghurt, $\frac{1}{4}$ kopp
- Flytande äggvita, 2 matskedar
- Vaniljvassleproteinpulver, 1 skopa

Vägbeskrivning

a) Värm ugnen till 350 F.

b) Smörj en ugnsform med matlagningsspray och håll åt sidan.

c) I en stor skål kombineras båda mjölen med salt, bakpulver, både proteinpulver och mörkt kakaopulver. Håll åt sidan.

d) Vispa ägg med stevia i en annan skål och vispa tills de är väl blandade, tillsätt sedan de återstående blöta ingredienserna och vispa igen.

e) Rör gradvis den våta blandningen i den torra blandningen och vispa väl för att kombinera.

f) Tillsätt valnötter och chokladchips, vik dem försiktigt.

g) Överför blandningen till förberedd form och grädda i 25 minuter.

h) Låt svalna innan du tar ur pannan och skär upp

10. Hallon-chokladkakor

Ingredienser:

- Jordnöts- eller mandelsmör, $\frac{1}{2}$ kopp
- Linfrö, $\frac{1}{4}$ kopp
- Blå agave, 1/3 kopp
- Chokladproteinpulver, $\frac{1}{4}$ kopp
- Hallon, $\frac{1}{2}$ kopp
- Instant havregryn, 1 kopp

Vägbeskrivning

a) Kombinera jordnötssmör med agave och koka på låg värme under konstant omrörning.

b) När blandningen bildar en slät konsistens, tillsätt den till havre, linfrö och protein. Blanda väl.

c) Tillsätt hallon och vik det försiktigt.

d) Överför smeten till förberedd panna och frys i en timme.

e) Skiva i 8 barer när de är fasta och njut.

11. Müsli Proteinbars

Ingredienser:

- Osötad mandelmjölk, $\frac{1}{2}$ kopp
- Älskling, 3 matskedar
- Quinoa, $\frac{1}{4}$ kopp, kokt
- Chiafrön, 1 tsk
- Mjöl, 1 matsked
- Chokladproteinpulver, 2 skopor
- Chokladchips, $\frac{1}{4}$ kopp
- Kanel, $\frac{1}{2}$ tesked
- Mogen banan, $\frac{1}{2}$, mosad
- Mandel, $\frac{1}{4}$ kopp, skivad
- Müsli, 1 $\frac{1}{2}$ kopp, av ditt favoritmärke

Vägbeskrivning

a) Värm ugnen till 350 F.

b) Rör mandelmjölk med bananmos, chiafrön och honung i en medelstor skål och håll åt sidan.

c) I en annan skål kombineras de återstående ingredienserna och blanda väl.

d) Häll nu mandelmjölksblandning över de torra ingredienserna och vänd ihop allt väl.

e) Lägg över smeten i en form och grädda i 20-25 minuter.

f) Låt svalna innan du tar ur pannan och skär upp.

12. Black Forest Cherry Bars

Ingredienser:

- 3 21-oz. burkar körsbärspaj fyllning, delad
- 18-1/2 uns paket chokladkaka mix
- 1/4 kopp olja
- 3 ägg, vispade
- 1/4 kopp körsbärssmaksatt konjak eller körsbärsjuice
- 6-ounce paket halvsöta chokladchips
- Valfritt: vispad topping

Vägbeskrivning

a) Kyl 2 burkar pajfyllning tills den är kall. Använd en elektrisk mixer på låg hastighet och vispa ihop resterande burk pajfyllning, torr kakmix, olja, ägg och konjak- eller körsbärsjuice tills det är väl blandat.

b) Rör ner chokladbitar.

c) Häll smeten i en lätt smord 13"x9" bakform. Grädda vid 350 grader i 25 till 30 minuter, tills en tandpetare testar ren; kyla. Före servering, fördela kyld pajfyllning jämnt över toppen.

d) Skär i barer och servera med vispad topping, om så önskas. Serverar 10 till 12.

13. Cranberry Popcorn Bars

Ingredienser:

- 3-ounce paket mikrovågspopcorn, poppade
- 3/4 kopp vita chokladchips
- 3/4 kopp sötade torkade tranbär
- 1/2 kopp sötad flingad kokosnöt
- 1/2 kopp strimlad mandel, grovt hackad
- 10-ounce paket marshmallows
- 3 T. smör

Vägbeskrivning

a) Klä en 13"x9" bakplåt med aluminiumfolie; spraya med non-stick grönsaksspray och ställ åt sidan. I en stor skål, släng ihop popcorn, chokladchips, tranbär, kokos och mandel; avsätta. I en kastrull på medelvärme, rör om marshmallows och smör tills det smält och slät.

b) Häll över popcornblandningen och rör om för att täcka helt; överför snabbt till förberedd panna.

c) Lägg ett ark vaxpapper ovanpå; tryck ner ordentligt. Kyl i 30 minuter, eller tills den är fast. Lyft stänger från pannan, använd folie som handtag; dra av folie och vaxpapper. Skiva i barer; kyla ytterligare 30 minuter. Gör 16.

14. Hej Dolly Bars

Ingredienser:

- 1/2 dl margarin
- 1 kopp graham cracker smulor
- 1 kopp sötad flingad kokosnöt
- 6-ounce paket halvsöta chokladchips
- 6-ounce paket smörkolachips
- 14 oz. kan sötad kondenserad mjölk
- 1 dl hackade pekannötter

Vägbeskrivning

a) Blanda ihop margarin och grahamssmulor; tryck ut i en lätt smord 9"x9" bakform. Varva med kokos, chokladchips och butterscotch chips.

b) Häll kondenserad mjölk över toppen; strö över pekannötter. Grädda i 350 grader i 25 till 30 minuter. Låt svalna; skär i stänger. Blir 12 till 16.

15. Irish Cream Bars

Ingredienser:

- 1/2 kopp smör, mjukat
- 3/4 kopp plus 1 matsked universalmjöl, delat
- 1/4 kopp strösocker
- 2 T. bakkakao
- 3/4 kopp gräddfil
- 1/2 kopp socker
- 1/3 kopp irländsk gräddlikör
- 1 ägg, uppvispat
- 1 tsk vaniljextrakt
- 1/2 dl vispgrädde
- Valfritt: chokladströssel

Vägbeskrivning

a) I en skål, rör ihop smör, 3/4 dl mjöl, strösocker och kakao tills en mjuk deg bildas.

b) Tryck ut degen i en osmord 8"x8" bakform. Grädda i 350 grader i 10 minuter.

c) Under tiden, i en separat skål, vispa ihop resterande mjöl, gräddfil, socker, likör, ägg och vanilj.

d) Blanda väl; häll över bakat lager. Återgå till ugnen och grädda ytterligare 15 till 20 minuter tills fyllningen stelnat.

e) Kyl något; kyl i minst 2 timmar innan du skär i barer. I en liten skål, med en elektrisk mixer på hög hastighet, vispa vispgrädde tills det bildas styva toppar.

f) Servera barer toppade med klick vispgrädde och strössel, om så önskas.

16. Banan Swirl Bars

Ingredienser:

- 1/2 kopp smör, mjukat
- 1 kopp socker
- 1 ägg
- 1 tsk vaniljextrakt
- 1-1/2 kopp bananer, mosade
- 1-1/2 kopp universalmjöl
- 1 tsk bakpulver
- 1 tsk bakpulver
- 1/2 t. salt-
- 1/4 kopp bakkakao

Vägbeskrivning

a) I en skål, vispa ihop smör och socker; tillsätt ägg och vanilj. Blanda väl; rör ner bananer. Avsätta. I en separat skål, kombinera mjöl, bakpulver, bakpulver och salt; blanda i smörblandningen. Dela smeten på mitten; tillsätt kakao till hälften.

b) Häll vanlig smet i en smord 13"x9" bakplåt; sked chokladsmeten ovanpå. Virvla med en bordskniv; grädda i 350 grader i 25 minuter.

c) Häftigt; skär i stänger. Gör 2-1/2 till 3 dussin.

17. Pumpa Havregrynsgröt när som helst rutor

Ingredienser:

- Linägg, 1 (1 matsked malet lin blandat med 3 matskedar vatten)
- Glutenfri havregryn, $\frac{3}{4}$ kopp
- Kanel, 1 $\frac{1}{2}$ tsk
- Pecannöt, $\frac{1}{2}$ kopp, halverad
- Mald ingefära, $\frac{1}{2}$ tesked
- Kokossocker, $\frac{3}{4}$ kopp
- Pilrotspulver, 1 matsked
- Malen muskotnöt, 1/8 tesked
- Rent vaniljextrakt, 1 tsk
- Rosa Himalaya havssalt, $\frac{1}{2}$ tesked
- Osötad pumpapuré på burk, $\frac{1}{2}$ kopp
- Mandelmjöl, $\frac{3}{4}$ kopp
- Havremjöl, $\frac{3}{4}$ kopp
- Mini chokladchips utan dagbok, 2 matskedar
- Bakpulver, $\frac{1}{2}$ tesked

Vägbeskrivning

a) Värm ugnen till 350 F.

b) Klä en fyrkantig form med vaxpapper och håll åt sidan.

c) Blanda linägg i en mugg och låt stå i 5 minuter.

d) Vispa puré med socker och tillsätt linägg och vanilj. Vispa igen för att kombinera.

e) Tillsätt nu bakpulver följt av kanel, muskot, ingefära och salt. Vispa väl.

f) Tillsätt sist mjöl, havre, arrowroot, pekannötter och mandelmjöl och vispa tills det är ordentligt införlivat.

46

g) Häll över smeten i den förberedda pannan och toppa med chokladbitar.

h) Grädda i 15-19 minuter.

i) Låt den svalna helt innan du tar upp den ur pannan och skär upp den.

18. Red Velvet Pumpkin Bars

Ingredienser:

- Små kokta rödbetor, 2
- Kokosmjöl, $\frac{1}{4}$ kopp
- Ekologiskt pumpafrösmör, 1 matsked
- Kokosmjölk, $\frac{1}{4}$ kopp
- Vaniljvassle, $\frac{1}{2}$ kopp
- 85% mörk choklad, smält

Vägbeskrivning

a) Blanda alla torra ingredienser utom choklad.

b) Rör mjölk över torra ingredienser och blanda väl.

c) Forma till medelstora barer.

d) Smält chokladen i mikron och låt den svalna i några sekunder. Doppa nu varje bar i smält choklad och täck väl.

e) Kyl tills chokladen stelnat och stelnat.

f) Njut av.

19. Chokladbark med kanderade pekannötter

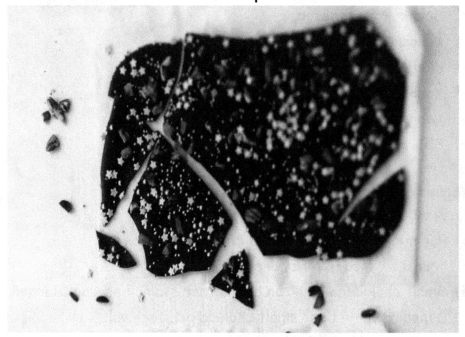

Ingredienser:

- 2 matskedar smör
- 1 kopp pekannötshalvor
- 2 msk ljust eller mörkt farinsocker, ordentligt packat
- 2 dl mörk chokladchips
- 2 matskedar kristalliserad ingefära

Vägbeskrivning

a) Värm smör i en liten kastrull på låg värme i 2 till 3 minuter eller tills det är helt smält. Tillsätt pekannötshalvor och rör om i 3 till 5 minuter tills det doftar och är nötaktigt. Blanda i ljust farinsocker under konstant omrörning i cirka 1 minut eller tills pekannötterna är jämnt täckta och har börjat karamelliseras. Avlägsna från värme.

b) Bred ut karamelliserade pekannötter på bakplåtspapper och låt svalna. Hacka pekannötter grovt och ställ åt sidan.

c) I en dubbelpanna på medelvärme, rör om mörk chokladflis i 5 till 7 minuter eller tills den är helt smält.

d) Bred ut smält choklad på en plåt klädd med bakplåtspapper.

e) Strö karamelliserade pekannötter och kristalliserad ingefära jämnt ovanpå. Ställ åt sidan i 1 till 2 timmar eller tills chokladen stelnat. Skär eller bryt barken i 6 jämna bitar.

f) Förvaring: Förvaras täckt i en lufttät behållare i kylen i upp till 6 veckor eller i frysen i upp till 6 månader.

20. Crunch Bars

Ingredienser

- 1 kopp SunButter (valfri sort)

- 4 matskedar ren lönnsirap

- 3 msk kokosmjöl

- 1 kopp krossad flingor

- Strö över rosa Himalaya havssalt

- Skvett av Simply Organic Foods rent vaniljextrakt
  Ytterligare SunButter att snurra på det översta lagret

FRIVILLIG

- Njut av mörk chokladbitar från Life Foods

- En sked kokosolja

- Ytterligare rosa Himalaya havssalt

Vägbeskrivning

a) Kombinera SunButter, lönnsirap och vaniljextrakt i matberedare. Blanda i kokosmjöl, krossade spannmålsbitar och havssalt. Det ska bildas en degkonsistens. Lägg över till bakplåtspappersklädd brownieform och fördela jämnt. Ställ in i frysen i 10 minuter.

b) Det är valfritt, men under tiden smälter du en näve chokladchips och lite kokosolja tillsammans. Ta ut pannan ur frysen, bred ut den med smält choklad, lägg till ytterligare några skedar SunButter ovanpå och snurra med en tandpetare. Strö över havssalt och ställ in i frysen över natten.

c) Ta ut nästa dag, hacka i barer och förvara i kylen i upp till en vecka. . . men chansen är stor att de inte håller så länge.

21. Veganska godisbarer

Ingredienser

KARAMELLLAGER

- 1 kopp fast packade urkärnade dadlar blötlagda i vatten över natten

- 2 msk SunButter (valfri sort)

- 2 msk kokosolja

- 2 tsk havssalt

- 2 msk yaconsirap (eller honung om inte vegan)

- Råa cashewnötter

BAS

- 1 kopp Nuzest USA vaniljprotein

- 1 kopp havremjöl

- 2 msk SunButter (valfri sort)

- 2 msk kokosolja

- 3/4 kopp vatten

BELÄGGNING

- Valfri choklad

Vägbeskrivning

a) Häll av dadlar och reservera blötläggningsvatten. Mixa alla kola ingredienser (förutom cashewnötter) i en mixer tills den är slät. (Använd inget av dadelvattnet.) Ställ åt sidan.

b) I en stor skål, kombinera Nuzest USA och havremjöl.

c) Smält SunButter och kokosolja tillsammans och tillsätt det sedan till din mjölblandning. Blanda väl, tillsätt sedan reserverat vatten från dadlar och blanda igen. Du ska ha en fin "lekdeg"-konsistens.

d) Klä formen eller bakplåten med valfritt vax eller bakplåtspapper för enkel borttagning och tryck sedan ut smeten i formen. Strö önskad mängd cashewnötter ovanpå smeten och häll sedan kola över cashewnötterna.

e) Ställ i kyl några timmar tills karamellen stelnat. Skiva i önskad form/storlek och täck eller ringla varje bit med smält choklad. Förvaras i kyl eller frys.

22. Choklad Kokosproteinbars

Ingredienser

- 1 dl urkärnade dadlar

- 1/2 kopp SunButter

- 1/2 kopp kokosmjöl

- 1/4 kopp plus 3 matskedar choklad växtbaserat proteinpulver

- 1/4 kopp osötad äppelmos

- 3 msk chiafrön

- En skvätt salt

Vägbeskrivning

a) Tillsätt alla ingredienser i en matberedare och mixa tills en deg bildas.

b) Tryck ut i en brödform, frys i 1 till 2 timmar och skär sedan i hur många du vill!

23. Konfetti barer

Ingredienser

FUDGE LAGER

- 2 koppar allergivänliga fyrkantiga kringlor

- 1/2 kopp allergivänlig matfett

- 1/2 kopp SunButter (valfri sort)

- 2 koppar strösocker

CHOKLAD MARSHMALLOW LAGER

- 1 dl allergivänliga chokladchips

- 1 överfull kopp mini marshmallows

STRÄNKLAGER

- 1 vegansk vit chokladkaka

- Hackat regnbågsströssel

Vägbeskrivning

a) Klä en 9x9-tums panna med pergament eller vaxat papper. Klipp skåror i varje hörn så att papperet kan ligga plant mot sidorna. Fördela ett lager kringlor jämnt på botten av pannan.

b) Tillsätt matfett och SunButter i en mikrovågssäker skål. Mikrovågsugn i 1 minut och rör om. Tillsätt strösocker i skålen och blanda väl. Häll långsamt SunButter-blandningen över kringlorna och täck var och en. Sätt pannan i frysen medan du gör nästa steg.

c) Tillsätt chokladen i en medelstor mikrovågssäker skål. Mikrovågsugn i steg om 40 sekunder och rör om tills chokladen är helt smält. Tillsätt marshmallows i skålen och rör om så att den täcks med choklad. Ta ut kastrullen från frysen och häll chokladmarshmallowblandningen ovanpå SunButter-skiktet och fördela det jämnt. Lägg till vanliga marshmallows mellan chokladmarshmallows för att fylla eventuella hål.

d) Lägg till den hackade, veganska vita chokladkakan i en liten mikrovågssäker skål. Mikrovågsugn i steg om 40 sekunder och rör om tills helt smält. Ringla den smälta vita chokladen ovanpå SunButter-blandningen och strö över regnbågsströssel. Kyl stängerna i kylen eller frysen tills de är helt stelna. Skär i 1-tums barer och förvara i en tättslutande behållare i kylen.

24. Saltade kola cashewbars

Ingredienser:

- 2 koppar universalmjöl
- ½ tsk bakpulver
- ½ tsk salt
- 12 matskedar smör, i rumstemperatur
- 6 matskedar osaltat smör, skuret i bitar
- 1 kopp ljust farinsocker, ordentligt packat
- 1 stort ägg
- 3 tsk vaniljextrakt
- 1½ koppar strösocker
- 1 kopp tung grädde
- 2 dl saltade, rostade cashewnötter

a) Värm ugnen till 340°F (171°C). Klä en 9×13-tums (23×33 cm) bakplåt med bakplåtspapper och ställ åt sidan. I en liten skål, kombinera allsidigt mjöl, bakpulver och ¼ tesked salt. Avsätta.

b) I en medelstor skål, blanda 6 matskedar smör, osaltat smör och ljust farinsocker med en elektrisk mixer på medelhastighet i 5 minuter tills det är ljust och fluffigt. Tillsätt ägg och 1 tsk vaniljextrakt och vispa i 2 minuter på låg hastighet tills det blandas.

c) Tillsätt mjölblandningen och vispa på medelhastighet i 2 till 3 minuter. Tryck ut skorpblandningen i den förberedda pannan. Kyl i 30 minuter.

d) Värm strösocker i en medelstor nonstick-panna på medelvärme. När du ser att socker börjar färga, rör om tills det är ljusbrunt, cirka 5 till 7 minuter. Tillsätt försiktigt tjock grädde och rör tills det är slätt.

e) Sänk värmen till låg och tillsätt återstående 6 matskedar smör, återstående 2 teskedar vaniljextrakt och återstående

64

$\frac{1}{4}$ tesked salt. Rör om tills smöret har smält och ta av från värmen.

f) Rör ner cashewnötterna i karamellblandningen. Häll kola-cashewblandningen i pannan ovanpå den kylda skorpan. Grädda i 20 minuter tills den stelnat. Låt svalna ordentligt innan du skär.

25. Pistage karameller

Ingredienser:

- $\frac{1}{2}$ kopp smör
- 2 koppar mörkt farinsocker, ordentligt packat
- $\frac{1}{2}$ kopp mörk majssirap
- 2 koppar tung grädde
- $\frac{1}{4}$ tesked salt
- 1 dl hackade pistagenötter, rostade
- 2 tsk vaniljextrakt

Vägbeskrivning

a) Klä en 8-tums (20 cm) fyrkantig panna med aluminiumfolie, spraya med nonstick-spray och ställ åt sidan.

b) Smält smöret i en medelstor kastrull på låg värme. Tillsätt mörkt brunt socker, mörk majssirap, 1 kopp tung grädde och salt. Koka upp, rör om då och då, i 12 till 15 minuter eller tills blandningen når 225°F (110°C) på en godistermometer.

c) Tillsätt långsamt återstående 1 dl tung grädde. Koka upp blandningen och låt koka i ytterligare 15 minuter eller tills den når 250°F (120°C). Ta av från värmen och tillsätt pistagenötter och vaniljextrakt. Häll i den förberedda pannan.

d) Kyl i minst 3 timmar innan du tar av folien och skär i 48 bitar.

e) Skär vaxpapper i 48 3-tums (7,5 cm) fyrkanter. Placera varje karamell i mitten av en vaxpappersruta, rulla ihop papperet runt karamell och vrid ändarna på papperet.

26. Key lime rutor

Ingredienser:
- 4 matskedar osaltat smör, i rumstemperatur
- 4 msk smör, i rumstemperatur
- $\frac{1}{2}$ kopp konditorisocker
- 2 koppar plus 5 matskedar universalmjöl
- 1 tsk vaniljextrakt
- Nypa salt
- 4 stora ägg, lätt vispade
- $1\frac{3}{4}$ koppar strösocker
- $\frac{1}{4}$ kopp Key lime juice
- 1 msk rivet limeskal

Vägbeskrivning
1. Värm ugnen till 340°F (171°C). Belägg lätt en 9×13-tums (23×33 cm) bakplåt med nonstick-spray och ställ åt sidan.
2. I en stor skål, vispa osaltat smör, smör och konditorsocker med en elektrisk mixer på medelhastighet i 3 till 4 minuter eller tills det är ljust och fluffigt.
3. Tillsätt allsidigt mjöl, vaniljextrakt och salt och blanda i ytterligare 2 till 3 minuter eller tills det är väl kombinerat.
4. Tryck ut degen i botten av den förberedda formen. Grädda i 20 till 23 minuter, tills de är ljust gyllenbruna. Låt skorpan svalna i 10 minuter.
5. I en stor skål, vispa ihop ägg och strösocker. Tillsätt nyckellimejuice och limeskal och vispa väl.
6. Häll blandningen över den kylda skorpan och grädda i 23 till 25 minuter eller tills den stelnat. Kyl helt innan du skär i 12 rutor.
7. Förvaring: Förvara tätt insvept i plastfolie i kylen i upp till 5 dagar.

27. Kanderad baconkola rutor

Ingredienser:
- 8 skivor bacon
- ¼ kopp ljust farinsocker, ordentligt packat
- 8 matskedar smör, mjukat
- 2 msk osaltat smör, mjukat
- ⅓kopp mörkt farinsocker, ordentligt packat
- ⅓kopp konditorisocker
- 1½ dl universalmjöl
- ½ tsk salt
- ½ dl kolabitar
- 1 dl mörk chokladchips
- ⅓kopp hackad mandel

Vägbeskrivning
a) Värm ugnen till 350°F (180°C). I en medelstor skål, släng bacon och ljust farinsocker och arrangera i ett enda lager på en plåt.
b) Grädda i 20 till 25 minuter eller tills bacon är gyllene och krispigt. Ta ut ur ugnen och låt svalna i 15 till 20 minuter. Hacka i små bitar.
c) Sänk ugnstemperaturen till 340°F (171°C). Klä en 9×13-tums (23×33 cm) bakplåt med aluminiumfolie, spraya med nonstick-spray och ställ åt sidan.
d) I en stor skål, blanda smör, osaltat smör, mörkt farinsocker och konditorsocker med en elektrisk mixer på medelhastighet tills det är ljust och fluffigt. Tillsätt universalmjöl och salt gradvis, blanda tills det precis är blandat. Rör i ¼ kopp kolabitar tills de är jämnt fördelade.
e) Tryck ut degen i den förberedda formen och grädda i 25 minuter eller tills den är gyllenbrun. Ta ut ur ugnen, strö

över mörk chokladflis och låt stå i 3 minuter eller tills chipsen mjuknat.

f) Fördela mjuk choklad jämnt ovanpå och strö över mandel, kanderad bacon och resterande $\frac{1}{4}$ kopp kolabitar. Låt svalna i 2 timmar eller tills chokladen stelnat. Skär i 16 2-tums (5 cm) fyrkanter.

g) Förvaring: Förvara i en lufttät behållare i kylen i upp till 1 vecka.

28. Karamell valnöt Dream Bars

Ingredienser:

- 1 ask gul kakmix
- 3 msk smör mjukat
- 1 ägg
- 14 uns sötad kondenserad mjölk
- 1 ägg
- 1 tsk rent vaniljextrakt
- 1/2 dl finmalda valnötter
- 1/2 kopp finmalda kolabitar

Vägbeskrivning:

a) Värm ugnen till 350 grader. Förbered rektangulär kakform med matlagningsspray och ställ sedan åt sidan.

b) Blanda tårtmix, smör och ett ägg i en bunke och blanda sedan tills det blir smuligt. Tryck ut blandningen på botten av den förberedda pannan och ställ sedan åt sidan.

c) I en annan blandningsskål kombineras mjölk, resterande ägg, extrakt, valnötter och kolabitar.

d) Blanda väl och häll över botten i pannan. Grädda i 35 minuter.

29. Kroniska pekannötsstänger

- 2 koppar pekannötshalvor
- 1 kopp Cassavamjöl
- 1/2 kopp gyllene linfrömjöl
- 1/2 kopp osötad strimlad kokosnöt
- 1/2 kopp kokosolja
- 1/4 kopp honung
- 1/4 tsk flytande stevia

Vägbeskrivning

1. Mät upp 2 koppar pekannötshalvor och grädda i 6-8 minuter vid 350F i ugnen. Lagom till när de börjar bli aromatiska.
2. Ta ut pekannötter från ugnen och lägg sedan i en plastpåse. Använd en kavel för att krossa dem i bitar. Det spelar inte så stor roll om konsistensen,

3. Blanda de torra ingredienserna i en skål: 1 kopp maniokmjöl, 1/2 kopp gyllene linfrömjöl och 1/2 kopp osötad strimlad kokosnöt.
4. Tillsätt de krossade pekannötterna i skålen och blanda ihop igen.
5. Tillsätt slutligen 1/2 kopp kokosnötsolja, 1/4 kopp honung och 1/4 tsk flytande stevia. Blanda detta väl tills en smulig deg bildas.
6. Tryck ut degen i en ugnsform.
7. Grädda i 20-25 minuter vid 350F, eller tills kanterna är lätt bruna.
8. Ta bort från ugnen; låt svalna delvis och låt stå i kylen i minst 1 timme.
9. Skär i 12 skivor och ta bort med en spatel.

30. Mandelsmör chia rutor

Ingredienser

- 1/2 kopp råa mandlar
- 1 msk + 1 tsk kokosolja
- Matskedar NU Erythritol
- 2 msk smör
- 1/4 kopp Heavy Cream
- 1/4 tsk flytande stevia
- 1 1/2 tsk vaniljextrakt

Vägbeskrivning

1 Tillsätt 1/2 kopp råa mandlar i en panna och rosta i cirka 7 minuter på medelhög värme. Precis tillräckligt så att du börjar känna lukten av nötigheten som kommer ut.

2 Tillsätt nötterna i matberedaren och mal dem.

3 När de når en mjölig konsistens, tillsätt 2 msk NU Erythritol och 1 tsk kokosnötsolja.

4 Fortsätt mala mandel tills mandelsmör har bildats smöret är brynt.

5 När smöret är brynt, tillsätt 1/4 kopp Heavy Cream, 2 msk NU Erythritol, 1/4 tsk flytande stevia och 1 1/2 tsk vaniljextrakt till smöret. Sänk värmen till låg och rör om väl när grädden bubblar.

6 Mal 1/4 kopp chiafrön i en kryddkvarn tills ett pulver bildas.

7 Börja rosta chiafrön och 1/2 kopp osötade strimlade kokosflingor i en panna på medelhög låg nivå. Du vill att kokosen bara ska få lite färg.

8 Tillsätt mandelsmör till smör- och gräddblandningen och rör om väl. Låt det koka ner till en pasta.

9 I en fyrkantig (eller vilken storlek du vill) ugnsform, tillsätt mandelsmörblandningen, rostad chia- och kokosblandning och 1/2 kopp kokosgrädde. Du kan lägga till kokosgrädden i en kastrull för att smälta den något innan du tillsätter den.

10 Tillsätt 1 msk kokosolja och 2 msk kokosmjöl och blanda allt väl.

11 Använd fingrarna och packa blandningen i ugnsformen väl.

12 Kyl blandningen i minst en timme och ta sedan ut den ur ugnsformen. Det borde hålla formen nu.

13 Hacka blandningen i rutor eller vilken form du vill och ställ tillbaka i kylen i minst några timmar till. Du kan använda överflödig blandning för att bilda fler rutor, men jag åt det istället.

14 Ta ut och snacka som du vill!

31. Chokladproteinnötstänger

Portioner: 12 barer

Ingredienser:

- 100 % rent nötsmör, 250 g
- Rostat frö, 1 ½ tesked
- Fettfri yoghurt naturell, 110 g
- 100% vassleproteinpulver, 100 g
- Kanel, 1 ½ tsk
- Rå kakaonibs, 4 teskedar
- 85% mörk choklad, 100 g
- Rent vaniljextrakt, 1 matsked
- 100% ärtproteinpulver, 30 g

Vägbeskrivning
a) Tillsätt alla ingredienser utom chokladen i matberedaren och mixa tills den är slät.
b) Gör 12 barer av blandningen och ställ dem i kylen i 30 minuter.
c) När barerna är fasta, smält choklad i mikrovågsugn och doppa varje bar i den och täck väl.
d) Lägg överdragna barer på en plåt och ställ i kylen igen i 30 minuter eller tills chokladen är fast.
e) Njut av.

32. Tyska chokladproteinkakor

Portioner: 12 barer

Ingredienser:

- Havre, 1 kopp
- Strimlad kokos, $\frac{1}{2}$ kopp + $\frac{1}{4}$ kopp, delad
- Sojaproteinpulver, $\frac{1}{2}$ kopp
- Pekannötter, $\frac{1}{2}$ kopp + $\frac{1}{4}$ kopp, hackade, delade
- Vatten, upp till $\frac{1}{4}$ kopp
- Kakaopulver, $\frac{1}{4}$ kopp
- Vaniljextrakt, 1 tesked
- Kakaonibs, 2 matskedar
- Salt, $\frac{1}{4}$ tesked
- Medjool dadlar, 1 kopp, urkärnade och blötlagda i 30 minuter

Vägbeskrivning

a) Bearbeta havre till fint mjöl, tillsätt sedan kakaopulver och proteinpulver, bearbeta igen.

b) Häll under tiden av dadlarna och lägg dem i matberedaren. Pulsera i 30 sekunder och tillsätt sedan $\frac{1}{2}$ dl riven kokos och $\frac{1}{2}$ dl pekannöt följt av salt och vanilj.

c) Bearbeta igen och fortsätt tillsätt vatten lite i taget och forma deg.

d) Lägg degen i en stor skål och tillsätt resterande pekannötter och kokos följt av kakaonibs.

e) Lägg degen på bakplåtspapper och täck den med ett annat bakplåtspapper och forma en tjock fyrkant.

f) Kyl i 2 timmar, ta sedan bort bakplåtspapper och skär i 12 barer av önskad längd.

33. Blueberry Bliss Proteinbars

Ingredienser:

- 100% ren okorenad havre, $1 + \frac{1}{2}$ koppar
- Pepitas, 1/3 kopp
- Hela mandlar, $\frac{3}{4}$ kopp
- Osötad äppelmos $\frac{1}{4}$ kopp
- Torkade blåbär, $\frac{1}{2}$ hög kopp
- Solrosfrön, $\frac{1}{4}$ kopp
- Mandelsmör, 1 kopp
- Lönnsirap, 1/3 kopp
- Valnötter, 1/3 kopp
- Pistagenötter, $\frac{1}{2}$ kopp
- Malet linfrö, 1/3 kopp

Vägbeskrivning

a) Klä en ugnsform med bakplåtspapper och ställ åt sidan.

b) Blanda havregryn, mandel, solrosfrön, torkade bär, valnötter, pistagenötter, linfrön och pepitas i en stor skål.

c) Ringla äppelmos och lönnsirap på toppen och blanda väl.

d) Tillsätt nu smör och blanda väl.

e) Lägg över smeten i pannan och jämna ut den uppifrån.

f) Frys i en timme. När blandningen är helt stel, vänd ut den på bänken.

g) Skiva i önskad tjocklek och längd i 16 barer.

34. Chocolate Chip Jordnötssmör Proteinbars

Ingredienser:

- Kokosmjöl, ¼ kopp
- Vaniljcrème stevia, 1 tsk
- Jordnötsmjöl, 6 matskedar
- Vaniljextrakt, 1 tesked
- Salt, ¼ tesked
- Miniatyrchokladchips, 1 matsked
- Kokosolja, 1 tsk, smält och kyld något
- Sojaproteinisolat, 6 matskedar
- Osötad cashewmjölk, ½ kopp + 2 matskedar

Vägbeskrivning

a) Klä en brödform med vaxpapper. Håll åt sidan.

b) Kombinera båda mjölen med sojaprotein och salt.

c) I en annan skål rör kokosmjölk med stevia, cashewmjölk och vanilj. Häll denna blandning gradvis i mjölblandningen och vispa väl för att kombinera.

d) Tillsätt nu ½ chokladbitar och vänd försiktigt ner dem i blandningen.

e) Överför blandningen till förberedd brödform och fördela jämnt med en spatel.

f) Toppa med resterande chokladbitar och frys i 3 timmar.

g) Skiva i önskad tjocklek och längd.

35. Rå pumpa hampa frön proteinbarer

Ingredienser:

- Medjool dadlar, $\frac{1}{2}$ kopp, urkärnade
- Vaniljextrakt, $\frac{1}{2}$ tesked
- Pumpakärnor, $\frac{1}{4}$ kopp
- Salt, $\frac{1}{4}$ tesked
- Kanel, $\frac{1}{2}$ tesked
- Hampafrösmör, $\frac{1}{2}$ kopp
- Muskotnöt, $\frac{1}{4}$ tesked
- Vatten, $\frac{1}{4}$ kopp
- Rå havre, 2 koppar
- Chiafrön, 2 matskedar

Vägbeskrivning

a) Klä en bakplåt med bakplåtspapper och håll åt sidan, Blötlägg dadlar i 30 minuter och mixa sedan tills de är slät.

b) Överför blandningen till en skål och tillsätt hampsmör och blanda väl.

c) Tillsätt nu resterande ingredienser och vänd försiktigt ihop för att blandas väl.

d) Lägg över i pannan och jämna ut med en spatel.

e) Ställ i kylen i 2 timmar och skär sedan i 16 barer.

36. Ingefära Vanilj Protein Crunch Bars

Ingredienser:

- Smör, 2 matskedar
- Havre, 1 kopp
- Rå mandel, $\frac{1}{2}$ kopp, hackad
- Kokosmjölk, $\frac{1}{4}$ kopp
- Strimlad kokos, $\frac{1}{4}$ kopp
- Proteinpulver (vanilj), 2 skopor
- Lönnsirap, $\frac{1}{4}$ kopp
- Kristalliserad ingefära, $\frac{1}{2}$ kopp, hackad
- Majsflingor, 1 kopp, krossade till skrymmande smulor
  Solrosfrön, $\frac{1}{4}$ kopp

Vägbeskrivning

a) Smält smör i en kastrull och tillsätt lönnsirap. Blanda väl.

b) Tillsätt mjölk följt av proteinpulver och rör om väl. När blandningen ändras till en jämn konsistens stäng av värmen.

c) Tillsätt solrosfrön, mandel, havre, cornflakes och $\frac{3}{4}$ ingefärabitar i en stor skål.

d) Häll blandningen på de torra ingredienserna och blanda väl.

e) Överför till en brödform förberedd med vaxpapper och bred ut i ett jämnt lager.

f) Toppa med återstående ingefära och kokosnöt. Grädda i 20 minuter vid 325 F. Låt det svalna innan du skär upp det.

37. Jordnötssmörkringlor

Ingredienser:

- Sojachips, 5 dl
- Vatten, $\frac{1}{2}$ kopp
- Mini pretzel twists, 6 st, grovt hackade
- Pulveriserat jordnötssmör, 6 matskedar
- Jordnötter, 2 matskedar, grovt hackade
- Sojaproteinpulver, 6 matskedar
- Jordnötssmörchips, 2 matskedar, halverade Agave, 6 matskedar

Vägbeskrivning

a) Spraya en bakpanna med matlagningsspray och ställ åt sidan.

b) Bearbeta sojachips i matberedare och lägg i en skål.

c) Tillsätt proteinpulver och blanda.

d) Hetta upp en kastrull och tillsätt vatten, agave och pulveriserat smör. Rör om under kokning på medelvärme i 5 minuter. Låt blandningen koka i några sekunder sedan och sojablandningen under konstant omrörning.

e) Överför blandningen till förberedd panna och toppa med kringlor, jordnötter och jordnötssmörchips.

f) Kyl tills den stelnar. Skär i barer och njut.

38. Tranbärsmandelproteinbarer

.Ingredienser:

- Rostade havssaltmandel, 2 dl
- Osötade kokosflingor, $\frac{1}{2}$ kopp
- Puffade risflingor, 2/3 koppar
- Vaniljextrakt, 1 tesked
- Torkade tranbär, 2/3 dl
- Hampafrön, 1 hög matsked
- Brunt rissirap, 1/3 kopp honung, 2 matskedar

Vägbeskrivning

a) Kombinera mandel med tranbär, hampafrön, risflingor och kokos. Håll åt sidan.

b) Tillsätt honung i en kastrull följt av vanilj och rissirap. Rör om och koka i 5 minuter.

c) Häll såsen över de torra ingredienserna och rör snabbt ihop.

d) Överför blandningen till en förberedd bakplåt och bred ut i ett jämnt lager.

e) Kyl i 30 minuter.

f) När de är stelna, skiva dem i barer av önskad storlek och njut.

39. Trippel chokladproteinkakastänger

Ingredienser:

- Havremjöl, 1 kopp
- Bakpulver, $\frac{1}{2}$ tesked
- Mandelmjölk, $\frac{1}{4}$ kopp
- Chokladvassleproteinpulver, 1 skopa
- Stevia bakblandning, $\frac{1}{4}$ kopp
- Mandelmjöl, $\frac{1}{4}$ kopp
- Mörk chokladchips, 3 matskedar
- Salt, $\frac{1}{4}$ tesked
- Valnötter, 3 matskedar, hackade
- Osötat mörkt kakaopulver, 3 matskedar
- Osötad äppelmos, 1/3 kopp
- Ägg, 1
- Vanlig grekisk yoghurt, $\frac{1}{4}$ kopp
- Flytande äggvita, 2 matskedar
- Vaniljvassleproteinpulver, 1 skopa

Vägbeskrivning

a) Värm ugnen till 350 F.

b) Smörj en ugnsform med matlagningsspray och håll åt sidan.

c) I en stor skål kombineras båda mjölen med salt, bakpulver, både proteinpulver och mörkt kakaopulver. Håll åt sidan.

d) Vispa ägg med stevia i en annan skål och vispa tills de är väl blandade, tillsätt sedan de återstående blöta ingredienserna och vispa igen.

e) Rör gradvis den våta blandningen i den torra blandningen och vispa väl för att kombinera.

f) Tillsätt valnötter och chokladchips, vik dem försiktigt.

g) Överför blandningen till förberedd form och grädda i 25 minuter.

h) Låt svalna innan du tar ur pannan och skär upp

40. Hallon-chokladkakor

Ingredienser:

- Jordnöts- eller mandelsmör, $\frac{1}{2}$ kopp
- Linfrö, $\frac{1}{4}$ kopp
- Blå agave, 1/3 kopp
- Chokladproteinpulver, $\frac{1}{4}$ kopp
- Hallon, $\frac{1}{2}$ kopp
- Instant havregryn, 1 kopp

Vägbeskrivning

a) Kombinera jordnötssmör med agave och koka på låg värme under konstant omrörning.

b) När blandningen bildar en slät konsistens, tillsätt den till havre, linfrö och protein. Blanda väl.

c) Tillsätt hallon och vik det försiktigt.

d) Överför smeten till förberedd panna och frys i en timme.

e) Skiva i 8 barer när de är fasta och njut.

41. Jordnötssmör Cookie Dough Bars

Ingredienser:

- Havregryn, $\frac{1}{4}$ kopp
- Jordnötssmör, 3 matskedar
- Proteinpulver, $\frac{1}{2}$ kopp
- Salt, en nypa
- Stora Medjool-datum, 10
- Råa cashewnötter, 1 kopp
- Lönnsirap, 2 msk Hela jordnötter, till garnering

Vägbeskrivning

a) Pulsera havre i matberedare till fint mjöl.

b) Tillsätt nu alla ingredienser utom hela jordnötter och bearbeta tills det är slätt.

c) Smaka av och gör eventuella justeringar om du vill.

d) Överför blandningen till en brödform och toppa med hela jordnötter.

e) Kyl i 3 timmar. När blandningen är fast, lägg den på köksbänken och skiva i 8 barer av önskad längd.

42. Müsli Proteinbars

Ingredienser:

- Osötad mandelmjölk, ½ kopp
- Älskling, 3 matskedar
- Quinoa, ¼ kopp, kokt
- Chiafrön, 1 tsk
- Mjöl, 1 matsked
- Chokladproteinpulver, 2 skopor
- Chokladchips, ¼ kopp
- Kanel, ½ tesked
- Mogen banan, ½, mosad
- Mandel, ¼ kopp, skivad
- Müsli, 1 ½ kopp, av ditt favoritmärke

Vägbeskrivning

a) Värm ugnen till 350 F.

b) Rör mandelmjölk med bananmos, chiafrön och honung i en medelstor skål och håll åt sidan.

c) I en annan skål kombineras de återstående ingredienserna och blanda väl.

d) Häll nu mandelmjölksblandning över de torra ingredienserna och vänd ihop allt väl.

e) Lägg över smeten i en form och grädda i 20-25 minuter.

f) Låt svalna innan du tar ur pannan och skär upp.

43. Morotskaka Proteinbars

Ingredienser:

För barerna:

- Havremjöl, 2 koppar
- Mjölkfri mjölk, 1 matsked
- Blandad krydda, 1 tsk
- Vaniljproteinpulver, $\frac{1}{2}$ kopp
- Morötter, $\frac{1}{2}$ kopp, mosade
- Kanel, 1 matsked
- Kokosmjöl, $\frac{1}{2}$ kopp, siktat
- Brunt rissirap, $\frac{1}{2}$ kopp
- Valfritt granulerat sötningsmedel, 2 matskedar
- Mandelsmör, $\frac{1}{4}$ kopp

För frostingen:

- Vaniljproteinpulver, 1 skopa
- Kokosmjölk, 2-3 matskedar
- Gräddost, $\frac{1}{4}$ kopp

Vägbeskrivning

a) För att förbereda proteinbars kombinera mjöl med blandad krydda, proteinpulver, kanel och sötningsmedel.

b) I en annan men blanda smör med flytande sötningsmedel och mikrovågsugn i några sekunder tills det smält.

c) Överför denna blandning till mjölskålen och blanda väl.

d) Tillsätt nu morötter och vik försiktigt.

e) Tillsätt nu mjölken gradvis under konstant omrörning tills önskad konsistens uppnås.

f) Överför till en förberedd panna och kyl i 30 minuter.

g) Förbered under tiden frosting och kombinera proteinpulver med färskost.
h) Tillsätt mjölken gradvis och rör om väl för att få önskad konsistens.
i) När blandningen är stel, skiva i barer av önskad längd och löddra frosting över varje bar.

44. Apelsin och Goji Berry Bars

Ingredienser:

- Vaniljvassleproteinpulver, $\frac{1}{2}$ kopp
- Apelsinskal, 1 msk, rivet
- Mald mandel, $\frac{3}{4}$ kopp
- 85% mörk choklad, 40 g, smält
- Kokosmjölk, $\frac{1}{4}$ kopp
- Kokosmjöl, $\frac{1}{4}$ kopp
- Chilipulver, 1 tsk
- Vaniljessens, 1 matsked
- Gojibär, $\frac{3}{4}$ kopp

Vägbeskrivning

a) Blanda proteinpulver med kokosmjöl i en skål.

b) Tillsätt resterande ingredienser till mjölblandningen.

c) Rör om mjölken och blanda väl.

d) Forma stångformar av smeten och lägg på en plåt.

e) Smält choklad och svalna i några minuter, doppa sedan varje bar i smält choklad och lägg på plåten.

f) Kyl tills chokladen är helt fast.

g) Njut av.

45. Jordgubbar mogen proteinbar

Ingredienser:

- Frystorkade jordgubbar, 60 g
- Vanilj, ½ tesked
- Osötad riven kokos, 60 g
- Osötad mandelmjölk, 60 ml
- Osmaksatt vassleproteinpulver, 60 g Mörk choklad, 80 g

Vägbeskrivning

a) Bearbeta torkade jordgubbar tills de är malda och tillsätt sedan vassle, vanilj och kokos. Bearbeta igen tills en finmald blandning bildas.

b) Rör ner mjölk i blandningen och bearbeta tills allt är väl införlivat.

c) Klä en brödform med vaxpapper och överför blandningen till den.

d) Använd en spatel för att fördela blandningen jämnt.

e) Kyl tills blandningen stelnat.

f) Mikrovågsugn mörk choklad i 30 sekunder. Rör om väl tills den är slät och helt smält.

g) Låt chokladen svalna något och skiva under tiden jordgubbsblandningen i åtta barer av önskad tjocklek.

h) Doppa nu varje bar i chokladen en och en och täck väl.

i) Ordna belagda barer på en rad bakplåtspapper. När alla barer är överdragna, kyl dem tills chokladen stelnat och fast.

46. Mocka Proteinbars

Ingredienser:

- Mandelmjöl, 30 g
- Kokosmjöl, 30 g
- Espresso, 60 g, nybryggt och kyld
- Vassleproteinisolat utan smak, 60 g
- Kokossocker, 20 g
- Osötat kakaopulver, 14 g
- Mörk choklad med 70%-85% kakao, 48 g

Vägbeskrivning

a) Blanda ihop alla torra ingredienser.

b) Rör om espresso och vispa väl så att det inte blir några klumpar.

c) Blandningen kommer att förvandlas till en slät boll vid denna tidpunkt.

d) Dela den i sex lika stora bitar och forma varje bit till en bar. Ordna stängerna på ett ark och täck det med plast. Kyl i en timme.

e) När stängerna har stelnat, mikrovågsugn mörk choklad och rör om tills den smält.

f) Täck varje bar i smält choklad och arrangera på vaxfodrad bakplåt.

g) Ringla resterande choklad ovanpå i ett virvelmönster och ställ i kylen igen tills chokladen är fast.

47. Bananchokladproteinkakor

Ingredienser:

- Frystorkad banan, 40g
- Mandelmjölk, 30 ml
- Proteinpulverisolat med banansmak, 70 g
- 100 % jordnötssmör, 25 g
- Glutenfri havregryn, 30 g
- 100% choklad, 40 g
- Sötningsmedel, efter smak

Vägbeskrivning

a) Mal banan i matberedare. Tillsätt nu proteinpulver och havre, bearbeta igen tills det är fint malt.

b) Rör om övriga ingredienser förutom choklad och bearbeta igen tills det är slätt.

c) Överför blandningen till en klädd brödform och täck med plast. Kyl tills den stelnar.

d) När stängerna är satta skär du i fyra stänger.

e) Smält nu choklad i mikrovågsugn och låt den svalna något innan du doppa varje bananstång i den. Täck ordentligt och kyl barerna igen tills chokladen är fast.

48. Heavenly Raw Bars

Ingredienser:

- Kokosmjölk, 2 matskedar
- Osötat kakaopulver, efter behov
- Proteinpulver, 1 $\frac{1}{2}$ skopor
- Linfrömjöl, 1 matsked

Vägbeskrivning

a) Kombinera alla ingredienserna.

b) Smörj en ugnsform med långfristig matlagningsspray och för över smeten i den.

c) Låt blandningen stå i rumstemperatur tills den är fast.

49. Monster Bars

Ingredienser:

- 1/2 kopp smör, mjukat
- 1 kopp farinsocker, packat
- 1 kopp socker
- 1-1/2 kopp krämigt jordnötssmör
- 3 ägg, vispade
- 2 t. vanilj extrakt
- 2 t. bikarbonat
- 4-1/2 kopp snabbkokt havre, okokt
- 1 kopp halvsöta chokladchips
- 1 kopp godisdragerad choklad

a) I en stor skål, blanda ihop alla ingredienser i den ordning som anges. Bred ut degen i en smord 15"x10" gelérullform.

b) Grädda i 350 grader i 15 minuter, eller tills de är lätt gyllene.

c) Kyl och skär i barer. Gör ca 1-1/2 dussin.

50. Blueberry Crumble Bars

Ingredienser:

- 1-1/2 kopp socker, delat
- 3 c. mjöl för alla ändamål
- 1 tsk bakpulver
- 1/4 t. salt-
- 1/8 t. kanel
- 1 kopp förkortning
- 1 ägg, uppvispat
- 1 tsk majsstärkelse
- 4 c. blåbär

a) Rör ihop en dl socker, mjöl, bakpulver, salt och kanel.

b) Använd en bakverksfräs eller gaffel för att skära i matfett och ägg; degen blir smulig.

c) Klappa hälften av degen i en smord 13"x9" bakplåt; avsätta.

d) I en separat skål, rör samman majsstärkelse och återstående socker; vänd försiktigt ner bären.

e) Strö blåbärsblandningen jämnt över degen i pannan.

f) Smula resterande deg över toppen. Grädda i 375 grader i 45 minuter, eller tills toppen är lätt gyllene. Kyl helt innan du skär i rutor. Gör ett dussin.

51. Gumdrop Bars

Ingredienser:

- 1/2 kopp smör, smält
- 1/2 t. bakpulver
- 1-1/2 kopp farinsocker, packad
- 1/2 t. salt-
- 2 ägg, vispade
- 1/2 dl hackade nötter
- 1-1/2 kopp universalmjöl
- 1 kopp gumdrops, hackade
- 1 tsk vaniljextrakt
- Garnering: strösocker

a) Blanda alla ingredienser utom strösocker i en stor skål.

b) Bred ut degen i en smord och mjölad 13"x9" bakform.
   Grädda i 350 grader i 25 till 30 minuter, tills de är gyllene.

c) Strö över strösocker. Häftigt; skär i stänger. Gör 2 dussin.

52. Salted Nut Roll Bars

Ingredienser:

- 18-1/2 uns paket gul kakmix
- 3/4 kopp smör, smält och delat
- 1 ägg, uppvispat
- 3 c. mini marshmallows
- 10-ounce paket jordnötssmör chips
- 1/2 kopp lätt majssirap
- 1 tsk vaniljextrakt
- 2 c. saltade jordnötter
- 2 c. krispiga risflingor

a) I en skål, blanda ihop torr kakmix, 1/4 kopp smör och ägg; tryck ut degen i en smord 13"x9" bakform. Grädda i 350 grader i 10 till 12 minuter.

b) Strö marshmallows över bakad skorpa; tillbaka till ugnen och grädda i ytterligare 3 minuter, eller tills marshmallows har smält. Smält jordnötssmörchips, majssirap, resterande smör och vanilj i en kastrull på medelvärme.

c) Rör ner nötter och flingor. Bred jordnötssmörblandningen över marshmallowlagret. Kyl tills det är fast; skär i rutor. Gör 2-1/2 dussin.

53. Black Forest Cherry Bars

Ingredienser:

- 3 21-oz. burkar körsbärspaj fyllning, delad
- 18-1/2 uns paket chokladkaka mix
- 1/4 kopp olja
- 3 ägg, vispade
- 1/4 kopp körsbärssmaksatt konjak eller körsbärsjuice
- 6-ounce paket halvsöta chokladchips
- Valfritt: vispad topping

a) Kyl 2 burkar pajfyllning tills den är kall. Använd en elektrisk mixer på låg hastighet och vispa ihop resterande burk pajfyllning, torr kakmix, olja, ägg och konjak- eller körsbärsjuice tills det är väl blandat.

b) Rör ner chokladbitar.

c) Häll smeten i en lätt smord 13"x9" bakform. Grädda vid 350 grader i 25 till 30 minuter, tills en tandpetare testar ren; kyla. Före servering, fördela kyld pajfyllning jämnt över toppen.

d) Skär i barer och servera med vispad topping, om så önskas. Serverar 10 till 12.

54. Cranberry Popcorn Bars

Ingredienser:

- 3-ounce paket mikrovågspopcorn, poppade
- 3/4 kopp vita chokladchips
- 3/4 kopp sötade torkade tranbär
- 1/2 kopp sötad flingad kokosnöt
- 1/2 kopp strimlad mandel, grovt hackad
- 10-ounce paket marshmallows
- 3 T. smör

a) Klä en 13"x9" bakplåt med aluminiumfolie; spraya med non-stick grönsaksspray och ställ åt sidan. I en stor skål, släng ihop popcorn, chokladchips, tranbär, kokos och mandel; avsätta. I en kastrull på medelvärme, rör om marshmallows och smör tills det smält och slät.

b) Häll över popcornblandningen och rör om för att täcka helt; överför snabbt till förberedd panna.

c) Lägg ett ark vaxpapper ovanpå; tryck ner ordentligt. Kyl i 30 minuter, eller tills den är fast. Lyft stänger från pannan, använd folie som handtag; dra av folie och vaxpapper. Skiva i barer; kyla ytterligare 30 minuter. Gör 16.

55. Hej Dolly Bars

Ingredienser:

- 1/2 dl margarin
- 1 kopp graham cracker smulor
- 1 kopp sötad flingad kokosnöt
- 6-ounce paket halvsöta chokladchips
- 6-ounce paket smörkolachips
- 14 oz. kan sötad kondenserad mjölk
- 1 dl hackade pekannötter

a) Blanda ihop margarin och grahamssmulor; tryck ut i en lätt smord 9"x9" bakform. Varva med kokos, chokladchips och butterscotch chips.

b) Häll kondenserad mjölk över toppen; strö över pekannötter. Grädda i 350 grader i 25 till 30 minuter. Låt svalna; skär i stänger. Blir 12 till 16.

56. Irish Cream Bars

Ingredienser:

- 1/2 kopp smör, mjukat
- 3/4 kopp plus 1 matsked universalmjöl, delat
- 1/4 kopp strösocker
- 2 T. bakkakao
- 3/4 kopp gräddfil
- 1/2 kopp socker
- 1/3 kopp irländsk gräddlikör
- 1 ägg, uppvispat
- 1 tsk vaniljextrakt
- 1/2 dl vispgrädde
- Valfritt: chokladströssel

a) I en skål, rör ihop smör, 3/4 dl mjöl, strösocker och kakao tills en mjuk deg bildas.

b) Tryck ut degen i en osmord 8"x8" bakform. Grädda i 350 grader i 10 minuter.

c) Under tiden, i en separat skål, vispa ihop resterande mjöl, gräddfil, socker, likör, ägg och vanilj.

d) Blanda väl; häll över bakat lager. Återgå till ugnen och grädda ytterligare 15 till 20 minuter tills fyllningen stelnat.

e) Kyl något; kyl i minst 2 timmar innan du skär i barer. I en liten skål, med en elektrisk mixer på hög hastighet, vispa vispgrädde tills det bildas styva toppar.

f) Servera barer toppade med klick vispgrädde och strössel, om så önskas.

g) Förvara i kylskåp. Gör 2 dussin.

57. Banan Swirl Bars

Ingredienser:

- 1/2 kopp smör, mjukat
- 1 kopp socker
- 1 ägg
- 1 tsk vaniljextrakt
- 1-1/2 kopp bananer, mosade
- 1-1/2 kopp universalmjöl
- 1 tsk bakpulver
- 1 tsk bakpulver
- 1/2 t. salt-
- 1/4 kopp bakkakao

a) I en skål, vispa ihop smör och socker; tillsätt ägg och vanilj. Blanda väl; rör ner bananer. Avsätta. I en separat skål, kombinera mjöl, bakpulver, bakpulver och salt; blanda i smörblandningen. Dela smeten på mitten; tillsätt kakao till hälften.

b) Häll vanlig smet i en smord 13"x9" bakplåt; sked chokladsmeten ovanpå. Virvla med en bordskniv; grädda i 350 grader i 25 minuter.

c) Häftigt; skär i stänger. Gör 2-1/2 till 3 dussin.

58. Pumpkin Cheesecake Bars

Ingredienser:

- 16-ounce paket pund kakmix
- 3 ägg, delade
- 2 t margarin, smält och något kylt
- 4 t. pumpapajkrydda, delad
- 8-ounce paket färskost, uppmjukad
- 14 oz. kan sötad kondenserad mjölk
- 15 oz. kan pumpa
- 1/2 t. salt-

a) I en stor skål, kombinera torr kakmix, ett ägg, margarin och 2 teskedar pumpapajkrydda; blanda till smuligt. Tryck ut degen i en smord 15"x10" gelérullform. I en separat skål, vispa färskost tills den är fluffig.

b) Vispa i kondenserad mjölk, pumpa, salt och resterande ägg och krydda. Blanda väl; utspridda över skorpan. Grädda i 350 grader i 30 till 40 minuter. Häftigt; kyl innan du skär i barer. Gör 2 dussin.

59. Granolastänger

Ingredienser:

- Pumpakärnor, $\frac{1}{2}$ kopp
- Älskling, $\frac{1}{4}$ kopp
- Hampafrön. 2 matskedar
- Kokosmjöl, $\frac{1}{2}$ kopp
- Kanel, 2 teskedar
- Kronärtskockapulver, 1 matsked
- Vaniljproteinpulver, $\frac{1}{4}$ kopp
- Kokossmör, 2 matskedar
- Gojibär, 1/3 kopp
- Pistagenötter, $\frac{1}{2}$ kopp, hackade
- Salt, en nypa
- Kokosolja, 1/3 kopp
- Hampamjölk, 1/3 kopp
- Vaniljstång, 1
- Chiafrön, 2 msk kokosflingor, 1/3 kopp

Vägbeskrivning

a) Blanda ihop alla ingredienser och fördela jämnt i en terrinpanna.

b) Kyl i en timme.

c) När den är fast och stel, skär du i stänger av önskad längd och njut.

60. Pumpa Havregrynsrutor

Ingredienser:

- Linägg, 1 (1 matsked malet lin blandat med 3 matskedar vatten)
- Glutenfri havregryn, $\frac{3}{4}$ kopp
- Kanel, 1 $\frac{1}{2}$ tsk
- Pecannöt, $\frac{1}{2}$ kopp, halverad
- Mald ingefära, $\frac{1}{2}$ tesked
- Kokossocker, $\frac{3}{4}$ kopp
- Pilrotspulver, 1 matsked
- Malen muskotnöt, 1/8 tesked
- Rent vaniljextrakt, 1 tsk
- Rosa Himalaya havssalt, $\frac{1}{2}$ tesked
- Osötad pumpapuré på burk, $\frac{1}{2}$ kopp
- Mandelmjöl, $\frac{3}{4}$ kopp
- Havremjöl, $\frac{3}{4}$ kopp
- Mini chokladchips utan dagbok, 2 matskedar
- Bakpulver, $\frac{1}{2}$ tesked

Vägbeskrivning

a) Värm ugnen till 350 F.

b) Klä en fyrkantig form med vaxpapper och håll åt sidan.

c) Blanda linägg i en mugg och låt stå i 5 minuter.

d) Vispa puré med socker och tillsätt linägg och vanilj. Vispa igen för att kombinera.

e) Tillsätt nu bakpulver följt av kanel, muskot, ingefära och salt. Vispa väl.

f) Tillsätt sist mjöl, havre, arrowroot, pekannötter och mandelmjöl och vispa tills det är ordentligt införlivat.
g) Häll över smeten i den förberedda pannan och toppa med chokladbitar.
h) Grädda i 15-19 minuter.
i) Låt den svalna helt innan du tar upp den ur pannan och skär upp den.

61. Red Velvet Pumpkin Bars

Ingredienser:

- Små kokta rödbetor, 2
- Kokosmjöl, $\frac{1}{4}$ kopp
- Ekologiskt pumpafrösmör, 1 matsked
- Kokosmjölk, $\frac{1}{4}$ kopp
- Vaniljvassle, $\frac{1}{2}$ kopp
- 85% mörk choklad, smält

Vägbeskrivning

a) Blanda alla torra ingredienser utom choklad.

b) Rör mjölk över torra ingredienser och blanda väl.

c) Forma till medelstora barer.

d) Smält chokladen i mikron och låt den svalna i några sekunder. Doppa nu varje bar i smält choklad och täck väl.

e) Kyl tills chokladen stelnat och stelnat.

f) Njut av.

62. Snöiga citronstänger

Ingredienser:

- 3 ägg, delade
- 1/3 kopp smör, smält och något kylt
- 1 tsk citronskal
- 3 T. citronsaft
- 18-1/2 uns paket vit kakmix
- 1 kopp hackad mandel
- 8-ounce paket färskost, uppmjukad
- 3 c. florsocker
- Garnering: ytterligare strösocker

a) I en stor skål, kombinera ett ägg, smör, citronskal och citronsaft. Rör ner torr kakmix och mandel, blanda väl. Tryck ut degen i en smord 13"x9" bakform. Grädda i 350 grader i 15 minuter, eller tills de är gyllene. Under tiden, i en separat skål, vispa färskost tills det är lätt och fluffigt; blanda gradvis i strösocker. Tillsätt resterande ägg, ett i taget, blanda väl efter varje.

b) Ta bort pannan från ugnen; bred färskostblandning över het skorpa. Grädda i 15 till 20 minuter längre, tills mitten är inställd; Häftigt. Strö över strösocker innan du skär i barer. Gör 2 dussin.

63. Enkla Butterscotch Bars

Ingredienser:

- 12-ounce paket butterscotch chips, smält
- 1 dl smör, mjukat
- 1/2 kopp farinsocker, packat
- 1/2 kopp socker
- 3 ägg, vispade
- 1-1/2 t. vanilj extrakt
- 2 c. mjöl för alla ändamål

a) I en skål, kombinera butterscotch chips och smör; blanda väl. Tillsätt sockerarter, ägg och vanilj; blanda väl.
b) Blanda gradvis i mjöl. Häll smeten i en lätt smord 13"x9" bakform. Grädda i 350 grader i 40 minuter.
c) Kyl och skär i rutor. Gör 2 dussin.

64. Cherry Almond Bar

Ingredienser:

- Vaniljproteinpulver, 5 skopor
- Älskling, 1 matsked
- Äggvispar, $\frac{1}{2}$ kopp
- Vatten, $\frac{1}{4}$ kopp
- Mandel, $\frac{1}{4}$ kopp, skivad
- Vaniljextrakt, 1 tesked
- Mandelmjöl, $\frac{1}{2}$ kopp
- Mandelsmör, 2 matskedar
- Frysta mörka söta körsbär, 1 $\frac{1}{2}$ dl

Vägbeskrivning

a) Värm ugnen till 350 F.

b) Tärna körsbär och tina dem.

c) Blanda ihop alla ingredienser inklusive tinade körsbär och blanda väl.

d) Överför blandningen i en smord ugnsform och grädda i 12 minuter.

e) Låt svalna helt innan du tar ut den ur pannan och skär upp i skivor.

65. Caramel Crunch Bars

Ingredienser:
- 1½ dl havregryn
- 1½ dl mjöl
- ¾ kopp farinsocker
- ½ tesked bakpulver
- ¼ tesked salt
- ¼ kopp smält smör
- ¼ kopp smält smör

Toppings
- ½ kopp farinsocker
- ½ kopp strösocker
- ½ kopp smör
- ¼ kopp mjöl
- 1 dl hackade nötter
- 1 dl hackad choklad

Vägbeskrivning:

a) Sätt temperaturen på din ugn till 350 F. Lägg havre, mjöl, salt, socker och bakpulver i en skål och blanda väl. Häll i ditt smör och det vanliga smöret och blanda tills det bildar smulor.

b) Lägg åt sidan åtminstone en kopp av dessa smulor för garnering senare.

c) Förbered nu pannan genom att smörja den med en spray och lägg sedan havreblandningen på den nedre delen av pannan.

d) Sätt in den i ugnen och grädda en stund, ta sedan bort den när den är ganska brun och låt den svalna. Sedan är nästa att göra karamellen.

e) Gör detta genom att röra ner smöret och sockret i en kastrull som har tjock botten för att undvika att det bränns fast snabbt. Låt det bubbla sedan efter att du har tillsatt mjölet. Tillbaka till havregrynsbasen, tillsätt de blandade nötterna och chokladen följt av den kola du nyss gjorde, och toppa sedan till sist med de extra smulorna du lagt åt sidan.

f) Sätt tillbaka den i ugnen och låt den koka tills stängerna är gyllene i färgen, vilket tar cirka 20 minuter.

g) Efter gräddningen kyler du den innan du skär i vilken storlek du vill.

66. Havregrynsstänger

Serveringar: 14-16

Ingredienser:

- $1\frac{1}{4}$ koppar gammaldags havregryn
- $1\frac{1}{4}$ koppar universalmjöl
- $\frac{1}{2}$ kopp finhackade rostade valnötter (se anmärkning)
- $\frac{1}{2}$ kopp socker
- $\frac{1}{2}$ tesked bakpulver
- $\frac{1}{4}$ tesked salt
- 1 dl smör, smält
- 2 tsk vanilj
- 1 kopp sylt av god kvalitet
- 4 hela grahamskex (8 rutor), krossade
- Vispad grädde, till servering (valfritt)

Vägbeskrivning:

a) Värm ugnen till 350°F. Smörj en 9-tums fyrkantig bakplåt. I en skål, lägg i och kombinera havregryn, mjöl, valnötter, socker, bakpulver och salt. Blanda smör och vanilj i en liten skål. Tillsätt smörblandningen till havreblandningen och blanda tills det blir smuligt.

b) Reservera 1 kopp för topping och tryck ut den återstående havreblandningen i botten av bakformen. Fördela sylten jämnt över toppen. Tillsätt de krossade kexen till den reserverade havreblandningen och strö över sylten. Grädda den i cirka 25 till 30 minuter, eller tills kanterna är bruna. Kyl helt i pannan på galler.

c) Skär i 16 rutor. Servera, tillsätt en klick vispgrädde om så önskas.

d) Att förvara den i en glasbehållare i kylen hjälper till att bevara den.

67. Tuggiga pekannötsbarer

Ingredienser:

- Nonstick bakspray
- 2 koppar plus
- 2 msk universalmjöl, delat
- $\frac{1}{2}$ kopp strösocker
- 2 matskedar plus
- 2 tsk smör
- $3\frac{1}{2}$ teskedar osaltat smör, skuret i bitar
- $\frac{3}{4}$ tesked plus kosher nypa salt, uppdelat
- $\frac{3}{4}$ kopp packat mörkt farinsocker
- 4 stora ägg
- 2 tsk vaniljextrakt
- 1 kopp lätt majssirap
- 2 dl hackade pekannötter
- Pecannötter halverade

Vägbeskrivning:

a) Värm ugnen till 340°F. Smörj formen med en nonstick-spray och klä med bakplåtspapper med överhäng på två sidor så att du enkelt kan lyfta stängerna från pannan.

b) Genom att använda en mixer eller matberedare, mixa mjöl, sockret, olika sorters smör och $\frac{3}{4}$ tesked salt tills det blandas. Blandningen kommer att bilda klumpar.

c) Överför degen till den förberedda pannan. Tryck fast den ordentligt och jämnt i botten av pannan. Stick igenom skorpan överallt med en gaffel och grädda tills den är ljus till en medelgyllenbrun färg, 30 till 35 minuter.

d) Använd samma matberedarskål och kombinera farinsockret, de återstående 2 msk mjöl, nypa salt, ägg, vanilj och majssirap.

e) Pulsera tills det är helt blandat. Vänd blandningen i en stor skål och tillsätt pekannötterna.

f) Häll pekannötsblandningen jämnt över den bakade skorpan. Lägg några extra pekannötshalvor på toppen av fyllningen som dekoration.

g) Sätt tillbaka formen i ugnen och låt den grädda tills mitten är precis inställd i 35 till 40 minuter. Om chansen att insidan fortfarande vickar, förbered dig på ett par minuter till; om du märker att stängerna börjar svälla i mitten, ta bort dem direkt. Lägg dem i ett galler och låt svalna innan du skär i 16 (2-tums) rutor och lyfter ut stängerna.

h) Förvaring: Förvara stängerna i en lufttät behållare i rumstemperatur i 3 till 5 dagar eller frys i upp till 6 månader. De kan vara väldigt klibbiga, så slå in dem i pergament- eller vaxpapper.

68. Chocolate Chip Cookie Dough Proteinbars

Ingredienser:

- 128 g ($\frac{1}{2}$ kopp) rostat mandelsmör

- 270g (1 kopp + 2 matskedar) osötad vaniljmandelmjölk

- 1 tsk Vanilj Crème-smaksatt flytande Stevia-extrakt

- 1 tsk naturlig smörsmak

- 168 g (1$\frac{1}{4}$ koppar, lätt förpackade) Vanilj Brunris Proteinpulver

- 80 g ($\frac{2}{3}$kopp) havremjöl

- $\frac{1}{8}$ tesked salt

- $\frac{1}{4}$ kopp Mini Semi-Sweet Chocolate Chips

Klä en 8x8" brownieform med bakplåtspapper. Avsätta.

Tillsätt mandelsmör, mandelmjölk, steviaextrakt och smörsmak i en elektrisk stavmixerskål utrustad med visptillbehör. Mixa på låg hastighet medan du förbereder de torra ingredienserna.

I en medelstor mixerskål, vispa ihop proteinpulvret, havremjölet och saltet. Stäng av stavmixern och häll i de torra ingredienserna. Sätt tillbaka mixern på låg hastighet och blanda tills de torra ingredienserna är helt införlivade. Skrapa ner skålens sidor, tillsätt minichokladchipsen och återgå till låg hastighet för en sista mix. Blandningen ska vara tjock och fluffig, som kakdeg.

Häll ner blandningen i brownieformen och platta ut den. Täck formen ordentligt med plastfolie och ställ i kylen över natten.

Lyft upp blandningen ur pannan. Skiva i 10 barer. Slå in proteinbarerna individuellt i smörgåspåsar av plast och förvara i kylen.

Utbyte: 10 Proteinbars

69. Oatmeal Raisin Cookie Protein Bars

Ingredienser:

- 128 g ($\frac{1}{2}$ kopp) rostat valnötssmör

- 270g (1 kopp + 2 matskedar) osötad vaniljmandelmjölk

- 1 tsk Vanilj Crème-smaksatt flytande Stevia-extrakt

- $\frac{1}{2}$ tesked naturlig smörsmak

- 168 g (1$\frac{1}{4}$ koppar, lätt förpackade) Vanilj Brunris Proteinpulver

- 80 g ($\frac{2}{3}$kopp) havremjöl

- 1$\frac{1}{2}$ tsk mald kanel

- $\frac{1}{8}$ tesked salt

- $\frac{1}{3}$kopp russin, halverade

Klä en 8x8" brownieform (eller 9x9" för tunnare kakor) med bakplåtspapper. Avsätta.

Tillsätt valnötssmör, mandelmjölk, steviaextrakt och smörsmak i en elektrisk stavmixerskål utrustad med visptillbehör. Mixa på låg hastighet medan du förbereder de torra ingredienserna.

I en medelstor mixerskål, vispa ihop proteinpulvret, havremjölet, kaneln och saltet. Stäng av stavmixern och häll i de torra ingredienserna. Sätt tillbaka mixern på låg hastighet och blanda tills de torra ingredienserna är helt införlivade. Skrapa ner skålens sidor, tillsätt de hackade russinen och återgå till låg hastighet för en sista mix. Blandningen ska vara tjock och fluffig, som kakdeg.

Häll ner blandningen i brownieformen och platta ut den. Täck formen ordentligt med plastfolie och ställ i kylen över natten.

Lyft upp blandningen ur pannan. Använd en cirkelkaksform för att stansa ut 9 kakor (använd en $2\frac{1}{2}''$ fräs med en 8" form och $2\frac{3}{4}''$ fräs med en 9" form). Slå in proteinkakorna i smörgåspåsar av plast och ställ i kylen för förvaring.

Utbyte: 9 proteinkakor (plus några rester till kocken!)

70. Vit choklad Macadamia Proteinbar

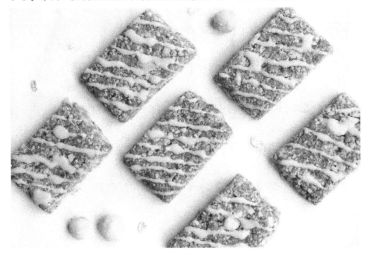

Ingredienser:

- 128 g ($\frac{1}{2}$ kopp) rostat macadamiasmör

- 270g (1 kopp + 2 matskedar) osötad vaniljmandelmjölk

- 1 tsk Vanilj Crème-smaksatt flytande Stevia-extrakt

- $\frac{1}{2}$ tesked naturlig smörsmak

- 168 g (1$\frac{1}{4}$ koppar, lätt förpackade) Vanilj Brunris Proteinpulver

- 80 g (⅔kopp) havremjöl

- $\frac{1}{8}$ tesked salt

Beläggning av vit choklad:

- 6 oz ekologisk vit choklad, smält

Klä en 8x8" brownieform (eller 9x9" för tunnare kakor) med bakplåtspapper. Avsätta.

Tillsätt macadamiasmör, mandelmjölk, steviaextrakt och smörsmak i en elektrisk stavmixerskål utrustad med visptillbehör. Mixa på låg hastighet medan du förbereder de torra ingredienserna.

I en medelstor mixerskål, vispa ihop proteinpulvret, havremjölet och saltet. Stäng av stavmixern och häll i de torra ingredienserna. Sätt tillbaka mixern på låg hastighet och blanda tills de torra ingredienserna är helt införlivade. Skrapa ner skålens sidor om det behövs. Blandningen ska vara tjock och fluffig, som kakdeg.

Häll upp blandningen i den förberedda browniepannan och platta ut den. Täck formen ordentligt med plastfolie och ställ i kylen över natten.

Lyft upp blandningen ur pannan. Använd en cirkelkaksform för att stansa ut 9 kakor (använd en $2\frac{1}{2}''$ skärare med en 8″ form, eller $2\frac{3}{4}''$ fräs med en 9″ panna).

Lägg en bakmatta av silikon ovanpå en geléform och klä proteinkakorna ovanpå.

För den vita chokladbeläggningen:

Placera en proteinkaka på stiften på en stor gaffel och doppa ner i den smälta vita chokladen. Skänk chokladen över kakan med en stor sked. Skjut försiktigt kakan på silikonbakmattan. Upprepa denna process med resten av proteinkakorna.

Kyl tills den stelnar.

71. Red Velvet Cake Fudge Proteinbars

Proteinbars:

- 165 g (⅔kopp) rostad betpuré

- 128 g (½ kopp) rått mandelsmör

- 135 g (½ kopp + 1 matsked) osötad vaniljmandelmjölk

- 1 matsked naturlig smörsmak

- 1½ tsk Vanilj Crème-smaksatt flytande Stevia-extrakt

- 210 g (1⅔koppar, lätt packade) Chokladbrunt risproteinpulver

- 80 g (⅔kopp) havremjöl

- ¼ tesked salt

Chokladöverdrag:

- 6 oz bittersöt choklad (70 % kakao), smält

För den rostade betorpurén:

Värm ugnen till 350 grader Fahrenheit. Skölj och skrubba försiktigt två knytnävstora rödbetor och slå sedan in dem helt i folie. Lägg rödbetorna i en 9x9" brownieform och grädda i ~1½ timme, eller tills en gaffel lätt tränger igenom rödbetorna.

Ta ut rödbetorna från ugnen, packa försiktigt upp folien och låt stå tills den är tillräckligt kall för att hantera. Använd en kniv för att skrapa bort betskalen (de faller lätt av).

Skär rödbetorna i bitar och lägg i en matberedare. Puré tills det är helt slätt.

För proteinbarerna:

Klä en 8x8" brownieform med bakplåtspapper. Avsätta.

Tillsätt betpuré, mandelsmör, mandelmjölk, smörsmak och steviaextrakt i en elektrisk stavmixerskål utrustad med visptillbehör. Mixa på låg hastighet medan du förbereder de torra ingredienserna.

I en medelstor mixerskål, vispa ihop proteinpulvret, havremjölet och saltet. Stäng av stavmixern och häll i de torra ingredienserna. Sätt tillbaka mixern på låg hastighet och blanda tills de torra ingredienserna är helt införlivade. Skrapa ner skålens sidor om det behövs. Blandningen ska vara tjock och fluffig, som kakdeg.

Häll upp blandningen i den förberedda browniepannan och platta ut den. Täck formen ordentligt med plastfolie och ställ i kylen över natten.

Lyft upp blandningen ur pannan. Skiva i 10 barer.

Lägg en bakmatta av silikon ovanpå en gelérullform och klä proteinbarerna ovanpå.

För chokladbeläggningen:

Med en stor sked skänker du den smälta chokladen över proteinbarerna. Försök att omsluta hela proteinbaren med choklad, men det behöver inte vara perfekt.

Kyl tills den stelnar (~1 timme). Slå in proteinbarerna individuellt i smörgåspåsar av plast och förvara i kylen.

Utbyte: 10 Proteinbars

72. Kanelrulle Proteinrutor

Proteinbars:

- 128 g ($\frac{1}{2}$ kopp) rått mandelsmör

- 240 g (1 kopp) osötad vaniljmandelmjölk

- 63g (3 matskedar) ren lönnsirap

- $\frac{3}{4}$ tesked Vanilj Crème-smaksatt flytande Stevia-extrakt

- $\frac{1}{2}$ tesked naturlig smörsmak

- 168 g (1$\frac{1}{4}$ koppar, lätt förpackade) Vanilj Brunris Proteinpulver

- 80 g ($\frac{2}{3}$kopp) havremjöl

- 2 tsk mald kanel

- $\frac{1}{4}$ tesked salt

- Gräddostglasyr:

- 4 oz organisk Neufchâtel färskost, rumstemperatur

- 30g (2 matskedar) osötad vaniljmandelmjölk

- $\frac{1}{4}$ tesked Vanilj Crème-smaksatt flytande Stevia-extrakt

- $\frac{1}{4}$ tesked naturlig smörsmak

- $\frac{1}{8}$ tesked Vaniljbönspasta (du kan göra den här hemma!)

För proteinbarerna:

Klä en 8x8" brownieform med bakplåtspapper. Avsätta.

Tillsätt mandelsmör, mandelmjölk, ren lönnsirap, steviaextrakt och smörsmak i en elektrisk stavmixerskål utrustad med visptillbehör. Mixa på låg hastighet medan du förbereder de torra ingredienserna.

I en medelstor mixerskål, vispa ihop proteinpulvret, havremjölet, kanelen och saltet. Stäng av stavmixern och häll i de torra ingredienserna. Sätt tillbaka mixern på låg hastighet och blanda tills de torra ingredienserna är helt införlivade. Skrapa ner skålens sidor om det behövs. Blandningen ska vara tjock och fluffig, som kakdeg.

Häll upp blandningen i den förberedda browniepannan och platta ut den. Täck formen ordentligt med plastfolie och ställ i kylen över natten.

Lyft upp blandningen ur pannan. Skär i 9 rutor.

För Cream Cheese Frosting:

I en medelstor skål, vispa ihop färskost, mandelmjölk, steviaextrakt, smörsmak och vaniljpasta.

Häll upp blandningen i en spritspåse med rund spets (#804). Sprid frostingen längs kanterna på proteinrutorna och fyll sedan i mitten. Om du inte har en spritspåse är det bara att sprida frostingen över stängerna med baksidan av en sked.

För att lagra, placera helt enkelt ett ark bakplåtspapper ovanpå en tårtpiedestal, arrangera proteinbarerna ovanpå och täck med en kakkupol.

73. Tysk chokladkaka proteinbars

Proteinbars:

- 128 g ($\frac{1}{2}$ kopp) rostat pekannötssmör

- 270g (1 kopp + 2 matskedar) osötad vaniljmandelmjölk

- 1 tsk Vanilj Crème-smaksatt flytande Stevia-extrakt

- 168 g (1$\frac{1}{4}$ koppar, lätt packade) Chokladbrunt risproteinpulver

- 80 g ($\frac{2}{3}$kopp) havremjöl

- $\frac{1}{8}$ tesked snabbkaffegranulat

- $\frac{1}{8}$ tesked salt

Chokladöverdrag:

- 2 oz bittersöt choklad (70 % kakao), smält

- 2 matskedar Reducerat fett Osötad strimlad kokos

- 2 msk rostade pekannötter, hackade

För proteinbarerna:

- Klä en 8x8" brownieform med bakplåtspapper. Avsätta.

Tillsätt pekannötssmöret, mandelmjölken och steviaextraktet i en elektrisk mixerskål utrustad med visptillbehör. Mixa på låg hastighet medan du förbereder de torra ingredienserna.

Vispa ihop proteinpulvret, havremjöl, snabbkaffegranulat och salt i en medelstor blandningsskål. Stäng av stavmixern och häll i de torra ingredienserna. Sätt tillbaka mixern på låg hastighet och blanda tills de torra ingredienserna är helt införlivade. Skrapa ner skålens sidor om det behövs. Blandningen ska vara tjock och fluffig, som kakdeg.

Häll upp blandningen i den förberedda browniepannan och platta ut den. Täck formen ordentligt med plastfolie och ställ i kylen över natten.

Lyft upp blandningen ur pannan. Skiva i 10 barer.

Lägg en bakmatta av silikon ovanpå en gelérullform och klä proteinbarerna ovanpå.

För chokladbeläggningen:

Bred ut den smälta chokladen över proteinbarerna, strö över den rivna kokosen och tryck ut de hackade pekannötterna ovanpå.

Kyl tills den stelnar (~1 timme). Slå in proteinbarerna individuellt i smörgåspåsar av plast och förvara i kylen.

Utbyte: 10 Proteinbars

74. Proteinbars för födelsedagstårta

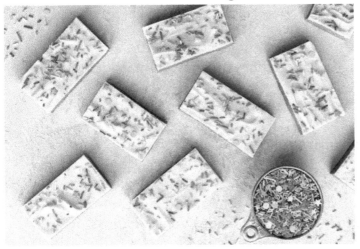

Proteinbars:

- 128 g (½ kopp) rått mandelsmör

- 270g (1 kopp + 2 matskedar) osötad vaniljmandelmjölk

- 1 tsk Vanilj Crème-smaksatt flytande Stevia-extrakt

- 1 tsk naturlig smörsmak

- ⅛ tesked mandelextrakt

- 168 g (1¼ koppar, lätt förpackade) Vanilj Brunris Proteinpulver

- 80 g (⅔kopp) havremjöl

- ⅛ tesked salt

Gräddostglasyr:

- 4 oz organisk Neufchâtel färskost, rumstemperatur

- 30g (2 matskedar) osötad vaniljmandelmjölk

- ¼ tesked Vanilj Crème-smaksatt flytande Stevia-extrakt

- ¼ kopp naturligt regnbågsströssel

För proteinbarerna:

Klä en 8x8" brownieform med bakplåtspapper. Avsätta.

Tillsätt mandelsmör, mandelmjölk, steviaextrakt, smörsmak och mandelextrakt i en elektrisk mixerskål utrustad med visptillbehör. Blanda på låg hastighet.

I en medelstor mixerskål, vispa ihop proteinpulvret, havremjölet och saltet. Stäng av stavmixern och häll i de torra ingredienserna. Sätt tillbaka mixern på låg hastighet och blanda tills de torra ingredienserna är helt införlivade. Skrapa ner skålens sidor om det behövs. Blandningen ska vara tjock och fluffig, som kakdeg.

Häll upp blandningen i den förberedda browniepannan och platta ut den. Täck formen ordentligt med plastfolie och ställ i kylen över natten.

Lyft upp blandningen ur pannan. Skiva i 10 barer.

För Cream Cheese Frosting:

I en medelstor mixerskål, vispa ihop färskost, mandelmjölk och steviaextrakt.

Skeda frostingen på proteinbarerna och strö strösseln ovanpå (lägg bara strösseln om du ska servera/äta proteinbarsarna den dagen – strösseln bleknar efter en dag eller två). För att lagra, placera helt enkelt ett ark bakplåtspapper ovanpå en tårtpiedestal, arrangera proteinbarerna ovanpå och täck med en kakkupol.

75. Morotskaka Proteinbars

Ingredienser:

- 128 g ($\frac{1}{2}$ kopp) rostat valnötssmör

- 270g (1 kopp + 2 matskedar) osötad vaniljmandelmjölk

- $\frac{3}{4}$ tesked Vanilj Crème-smaksatt flytande Stevia-extrakt

- 168 g ($1\frac{1}{4}$ koppar, lätt förpackade) Vanilj Brunris Proteinpulver

- 90 g ($\frac{3}{4}$ kopp) havremjöl

- $1\frac{3}{4}$ teskedar mald kanel

- $\frac{1}{4}$ tesked mald muskotnöt

- $\frac{1}{4}$ tesked salt

- 1-$1\frac{1}{2}$ koppar rivna morötter

- $\frac{1}{4}$-$\frac{1}{2}$ kopp Reducerat fett Osötad strimlad kokosnöt

- $\frac{1}{4}$ kopp russin, halverade

Klä en 8x8" brownieform med bakplåtspapper. Avsätta.

Tillsätt valnötssmöret, mandelmjölken och steviaextraktet i en elektrisk stavmixerskål utrustad med visptillbehör. Mixa på låg hastighet medan du förbereder de torra ingredienserna.

Vispa ihop proteinpulver, havremjöl, kanel, muskotnöt och salt i en medelstor blandningsskål. Stäng av stavmixern och häll i de torra ingredienserna. Sätt tillbaka mixern på låg hastighet och

183

blanda tills ingredienserna är helt införlivade. Skrapa ner skålens sidor, tillsätt rivna morötter, riven kokos och hackade russin och återgå till låg hastighet för en sista mix. Blandningen ska vara tjock och fluffig, som kakdeg.

Häll ner blandningen i brownieformen och platta ut den. Täck formen ordentligt med plastfolie och ställ i kylen över natten.

Lyft upp blandningen ur pannan. Skiva i 10 barer. Slå in proteinbarerna individuellt i smörgåspåsar av plast och förvara i kylen.

Utbyte: 10 Proteinbars

76. Seven Layer Bar Protein Bars

Ingredienser:

- 128 g ($\frac{1}{2}$ kopp) rostat pekannötssmör

- 270g (1 kopp + 2 matskedar) osötad vaniljmandelmjölk

- 1 tesked Natural Butterscotch Flavor

- $\frac{1}{2}$ tsk engelsk kola-smaksatt flytande steviaextrakt

- 168 g (1$\frac{1}{4}$ koppar, lätt förpackade) Vanilj Brunris Proteinpulver

- 80 g ($\frac{2}{3}$kopp) havremjöl

- $\frac{1}{8}$ tesked salt

- $\frac{1}{2}$ kopp Graham Crackers, hackade i bitar

- $\frac{1}{2}$ kopp Reducerat fett Osötad strimlad kokosnöt

- $\frac{1}{2}$ kopp Mini Semi-Sweet Chocolate Chips

Klä en 8x8" brownieform med bakplåtspapper. Avsätta.

Tillsätt pekannötssmör, mandelmjölk, smörkolasmak och steviaextrakt i en elektrisk stavmixerskål utrustad med visptillbehör. Mixa på låg hastighet medan du förbereder de torra ingredienserna.

I en medelstor mixerskål, vispa ihop proteinpulvret, havremjölet och saltet. Stäng av stavmixern och häll i de torra ingredienserna. Sätt tillbaka mixern på låg hastighet och blanda tills de torra ingredienserna är helt införlivade. Skrapa ner sidorna av skålen, tillsätt grahamsbitarna, riven kokos och minichokladchips och återgå till låg hastighet för en sista mix. Blandningen ska vara tjock och fluffig, som kakdeg.

Häll ner blandningen i brownieformen och platta ut den. Täck pannan med plastfolie och ställ i kylen över natten.

Lyft upp blandningen ur pannan. Skiva i 12 barer. Slå in proteinbarerna individuellt i smörgåspåsar av plast och förvara i kylen.

Utbyte: 12 Proteinbars

77. Pumpkin Pie Protein Bar bite

Ingredienser:

- 128 g (½ kopp) rostat pekannötssmör

- 575 g (2⅓koppar) 100 % ren pumpapuré, på burk

- ¾ tsk engelsk kola-smaksatt flytande Stevia-extrakt

- 168 g (1¼ koppar, lätt förpackade) Vanilj Brunris Proteinpulver

- 2 koppar Graham Cracker Crumbs

- 30 g (¼ kopp) havremjöl

- 1 matsked mald kanel (eller 2 teskedar mald kanel + 1 tesked pumpapajkrydda)

- ⅛ tesked salt

Klä en 8x8" brownieform med bakplåtspapper. Avsätta.

Tillsätt pekannötssmör, pumpapuré och steviaextrakt i en elektrisk stavmixerskål utrustad med visptillbehör. Mixa på låg hastighet medan du förbereder de torra ingredienserna.

I en medelstor blandningsskål, vispa ihop proteinpulvret, grahamssmulor, havremjöl, kanel och salt. Stäng av stavmixern och häll i de torra ingredienserna. Sätt tillbaka mixern på låg hastighet och blanda tills de torra ingredienserna är helt införlivade. Blandningen ska vara mjuk och smidig, som en våt kakdeg eller tjock muffinssmet.

Häll ner blandningen i brownieformen och platta ut den. Täck pannan med plastfolie och ställ i kylen över natten.

Lyft upp blandningen ur pannan. Skär i 36 bitar. För att lagra, placera helt enkelt ett ark bakplåtspapper ovanpå en tårtpiedestal, arrangera proteinbitarna ovanpå och täck med en kakkupol.

Utbyte: 36 proteinbitar

78. Pecan Pie Proteinbars

Ingredienser:

- 128 g ($\frac{1}{2}$ kopp) rostat pekannötssmör

- 270g (1 kopp + 2 matskedar) osötad vaniljmandelmjölk

- 1 tsk flytande steviaextrakt med engelsk toffee-smak

- 168 g (1$\frac{1}{4}$ koppar, lätt förpackade) Vanilj Brunris Proteinpulver

- 80 g (⅔kopp) havremjöl

- 1$\frac{1}{2}$ tsk mald kanel

- $\frac{1}{8}$ tesked salt

- $\frac{1}{4}$ kopp rostade pekannötter, hackade

Klä en 8x8" brownieform med bakplåtspapper. Avsätta.

Tillsätt pekannötssmöret, mandelmjölken och steviaextraktet i en elektrisk mixerskål utrustad med visptillbehör. Mixa på låg hastighet medan du förbereder de torra ingredienserna.

I en medelstor mixerskål, vispa ihop proteinpulvret, havremjölet, kaneln och saltet. Stäng av stavmixern och häll i de torra ingredienserna. Sätt tillbaka mixern på låg hastighet och blanda tills de torra ingredienserna är helt införlivade. Skrapa ner skålens sidor om det behövs. Blandningen ska vara tjock och fluffig, som kakdeg.

Häll ner blandningen i brownieformen och platta ut den. Strö över de hackade pekannötterna och tryck ut dem i ytan. Täck formen ordentligt med plastfolie och ställ i kylen över natten.

Lyft upp blandningen ur pannan. Skiva i 10 barer. Slå in proteinbarerna individuellt i smörgåspåsar av plast och förvara i kylen.

Utbyte: 10 Proteinbars

79. Tiramisù Proteinbars

Proteinbars:

- 128 g ($\frac{1}{2}$ kopp) rått mandelsmör

- 270g (1 kopp + 2 matskedar) osötad vaniljmandelmjölk

- 30 g (2 matskedar) bryggd espresso, kyld till rumstemperatur

- $\frac{3}{4}$ tesked Vanilj Crème-smaksatt flytande Stevia-extrakt

- 168 g (1$\frac{1}{4}$ koppar, lätt förpackade) Vanilj Brunris Proteinpulver

- 80 g (⅔kopp) havremjöl

- $\frac{1}{4}$ tesked snabbkaffegranulat

- $\frac{1}{8}$ tesked salt

Gräddostglasyr:

- 4 oz Mascarpone, rumstemperatur

- 1$\frac{1}{2}$ tsk osötad vaniljmandelmjölk eller rom

- $\frac{1}{4}$ tesked Vanilj Crème-smaksatt flytande Stevia-extrakt

- 1 matsked osötat holländskt bearbetat kakaopulver

För proteinbarerna:

Klä en 8x8" brownieform med bakplåtspapper. Avsätta.

Tillsätt mandelsmör, mandelmjölk, espresso och steviaextrakt i en elektrisk mixerskål utrustad med visptillbehör. Mixa på låg hastighet medan du förbereder de torra ingredienserna.

Vispa ihop proteinpulvret, havremjöl, snabbkaffegranulat och salt i en medelstor blandningsskål. Stäng av stavmixern och häll i de torra ingredienserna. Sätt tillbaka mixern på låg hastighet och blanda tills ingredienserna är helt införlivade. Skrapa ner skålens sidor om det behövs. Blandningen ska vara tjock och fluffig, som kakdeg.

Häll upp blandningen i den förberedda browniepannan och platta ut den. Täck formen ordentligt med plastfolie och ställ i kylen över natten.

Lyft upp blandningen ur pannan. Skiva i 12 barer.

För Cream Cheese Frosting:

I en medelstor mixerskål, vispa ihop mascarpone, mandelmjölk (eller rom) och steviaextrakt.

Häll upp blandningen i en spritspåse med rund spets (#804). Spruta frostingen längs kanterna på stängerna och fyll sedan i mitten. Om du inte har en spritspåse är det bara att sprida frostingen över stängerna med baksidan av en sked.

Pudra lätt kakaopulvret över stängerna. För att lagra, placera helt enkelt ett ark bakplåtspapper ovanpå en tårtpiedestal, arrangera proteinbarerna ovanpå och täck med en kakkupol.

80. S'mores Proteinbars

Proteinbars:

- 128 g (½ kopp) rostat mandelsmör

- 270g (1 kopp + 2 matskedar) osötad vaniljmandelmjölk

- ½ tsk Vanilj Crème-smaksatt flytande Stevia-extrakt

- 168 g (1¼ koppar, lätt packade) Chokladbrunt risproteinpulver

- 1½ koppar Graham Cracker Crumbs

- ⅛ tesked salt

- Gräddostglasyr:

- 12 helt naturliga vaniljmarshmallows

- 6 oz bittersöt choklad (70 % kakao), smält

- 21g (1½ matsked) kokosnötsolja, flytande form

För proteinbarerna:

Klä en 8x8" brownieform med bakplåtspapper. Avsätta.

Tillsätt mandelsmör, mandelmjölk och steviaextrakt i en elektrisk stavmixerskål utrustad med visptillbehör. Mixa på låg hastighet medan du förbereder de torra ingredienserna.

I en medelstor blandningsskål, vispa ihop proteinpulvret, grahamssmulor och salt. Stäng av stavmixern och häll i de torra ingredienserna. Sätt tillbaka mixern på låg hastighet och blanda tills ingredienserna är helt införlivade. Skrapa ner skålens sidor om det behövs. Blandningen ska vara tjock och fluffig, som kakdeg.

Häll upp blandningen i den förberedda browniepannan och platta ut den. Täck formen ordentligt med plastfolie och ställ i kylen över natten.

Lyft upp blandningen ur pannan. Skiva i 12 barer.

Lägg en bakmatta av silikon ovanpå en gelérullform och klä proteinbarerna ovanpå.

För Cream Cheese Frosting:

Dela marshmallowsen på mitten så att du får 24 bitar. Tryck försiktigt 2 halverade marshmallows, skivade sidan nedåt, ovanpå varje proteinbar.

Rör ner kokosoljan i den smälta chokladen.

Med en stor sked skänker du den smälta chokladen över proteinbarerna. Försök att omsluta hela proteinbaren med choklad, men det behöver inte vara perfekt.

Kyl tills den stelnar (~1 timme). Slå in proteinbarerna individuellt i smörgåspåsar av plast och förvara i kylskåp (hålls i ~5 dagar).

81. Nutella Fudge Proteinbars

Ingredienser:

- 128 g (½ kopp) rostat hasselnötssmör

- 270g (1 kopp + 2 matskedar) osötad vaniljmandelmjölk

- 1 tsk Vanilj Crème-smaksatt flytande Stevia-extrakt

- 168 g (1¼ koppar, lätt packade) Chokladbrunt risproteinpulver

- 30 g (¼ kopp) havremjöl

- 12 g (2 matskedar) osötat holländskt bearbetat kakaopulver

- ⅛ tesked salt

- ¼ kopp Mini Semi-Sweet Chocolate Chips (valfritt)

Klä en 8x8" brownieform med bakplåtspapper. Avsätta.

Tillsätt hasselnötssmör, mandelmjölk och steviaextrakt i en elektrisk stavmixerskål utrustad med visptillbehör. Mixa på låg hastighet medan du förbereder de torra ingredienserna.

Vispa ihop proteinpulver, havremjöl, kakaopulver och salt i en medelstor blandningsskål. Stäng av stavmixern och häll i de torra ingredienserna. Sätt tillbaka mixern på låg hastighet och blanda tills de torra ingredienserna är helt införlivade. Skrapa ner skålens sidor, tillsätt de valfria minichokladchipsen och återgå till låg hastighet för en sista mix. Blandningen ska vara tjock och fluffig, som kakdeg.

Häll ner blandningen i brownieformen och platta ut den. Täck formen ordentligt med plastfolie och ställ i kylen över natten.

Lyft upp blandningen ur pannan. Skiva i 10 barer. Slå in proteinbarerna individuellt i smörgåspåsar av plast och förvara i kylen.

Utbyte: 10 Proteinbars

82. Mocha Fudge Proteinbars

Ingredienser:

- 128 g ($\frac{1}{2}$ kopp) rostat mandelsmör

- 160 g ($\frac{2}{3}$ kopp) osötad vaniljmandelmjölk

- 120 g ($\frac{1}{2}$ kopp) bryggd espresso, kyld till rumstemperatur

- 1 tsk Vanilj Crème-smaksatt flytande Stevia-extrakt

- 168 g ($1\frac{1}{4}$ koppar, lätt packade) Chokladbrunt risproteinpulver

- 80 g ($\frac{2}{3}$ kopp) havremjöl

- 10g (2 matskedar) Osötat naturligt kakaopulver

- $\frac{1}{8}$ tesked salt

- $\frac{1}{4}$ kopp Mini Semi-Sweet Chocolate Chips (valfritt)

Klä en 8x8" brownieform med bakplåtspapper. Avsätta.

Tillsätt mandelsmör, mandelmjölk, espresso och steviaextrakt i en elektrisk mixerskål utrustad med visptillbehör. Mixa på låg hastighet medan du förbereder de torra ingredienserna.

Vispa ihop proteinpulver, havremjöl, kakaopulver och salt i en medelstor blandningsskål. Stäng av stavmixern och häll i de torra ingredienserna. Sätt tillbaka mixern på låg hastighet och blanda tills de torra ingredienserna är helt införlivade. Skrapa ner skålens sidor, tillsätt de valfria minichokladchipsen och återgå till låg hastighet för en sista mix. Blandningen ska vara tjock och fluffig, som kakdeg.

Häll ner blandningen i brownieformen och platta ut den. Täck formen ordentligt med plastfolie och ställ i kylen över natten.

Lyft upp blandningen ur pannan. Skiva i 10 barer. Slå in proteinbarerna individuellt i smörgåspåsar av plast och förvara i kylen.

Utbyte: 10 Proteinbars

83. Caramel Macchiato Proteinbars

Proteinbars:

- 128 g ($\frac{1}{2}$ kopp) rostat cashewsmör

- 160 g ($\frac{2}{3}$kopp) osötad vaniljmandelmjölk

- 120 g ($\frac{1}{2}$ kopp) bryggd espresso, kyld till rumstemperatur

- 1 tsk Vaniljbönspasta (du kan göra detta hemma!)

- 1 tsk flytande steviaextrakt med engelsk toffee-smak

- 168 g (1$\frac{1}{4}$ koppar, lätt förpackade) Vanilj Brunris Proteinpulver

- 120 g (1 kopp) havremjöl

- $\frac{1}{8}$ tesked salt

- Karamell-kaffe frosting:

- 105 g ($\frac{1}{3}$kopp) ekologisk kolasås

- 63 g ($\frac{1}{2}$ kopp, lätt packad) Vanilj Brunris Proteinpulver

- $\frac{1}{2}$ tesked snabbkaffegranulat

För proteinbarerna:

Klä en 8x8" brownieform med bakplåtspapper. Avsätta.

Tillsätt cashewsmör, mandelmjölk, espresso, vaniljpasta och steviaextrakt i en elektrisk mixerskål utrustad med visptillbehör.

Mixa på låg hastighet medan du förbereder de torra ingredienserna.

I en medelstor mixerskål, vispa ihop proteinpulvret, havremjölet och saltet. Stäng av stavmixern och häll i de torra ingredienserna. Sätt tillbaka mixern på låg hastighet och blanda tills de torra ingredienserna är helt införlivade. Skrapa ner skålens sidor om det behövs. Blandningen ska vara tjock och fluffig, som kakdeg.

Häll upp blandningen i den förberedda browniepannan och platta ut den.

För kola-kaffe frostingen:

Vispa ihop kolasås, proteinpulver och snabbkaffegranulat i en liten skål. Blandningen ska vara tjock och lite klibbig.

Skeda blandningen på proteinbarbasen och bred ut till kanterna av pannan med baksidan av en sked. Ställ in i frysen utan lock i 1 timme.

Lyft upp blandningen ur pannan. Skiva i 12 barer. För att lagra, placera helt enkelt ett ark bakplåtspapper ovanpå en tårtpiedestal, arrangera proteinbarerna ovanpå och täck med en kakkupol.

84. Mintchokladproteinkakor

Proteinbars:

- 270g (1 kopp + 2 matskedar) osötad vaniljmandelmjölk

- 3 koppar, packade ekologisk babyspenat

- 128 g ($\frac{1}{2}$ kopp) rått mandelsmör

- 2 tsk flytande steviaextrakt med vaniljcrème-smak

- 2 tsk mintsmak

- 168 g ($1\frac{1}{4}$ koppar, lätt förpackade) Vanilj Brunris Proteinpulver

- 120 g (1 kopp) havremjöl

- $1\frac{1}{2}$ matskedar Psyllium Husk Powder

- $\frac{1}{8}$ tesked salt

Chokladöverdrag:

- 6 oz bittersöt choklad (70 % kakao), smält

- 2 tsk mintsmak

För proteinbarerna:

Klä en 8x8" brownieform med bakplåtspapper. Avsätta.

Mixa mandelmjölk och spenat i en matberedare tills det är helt slätt.

Tillsätt blandningen av "grön mandelmjölk", mandelsmör, steviaextrakt och myntasmak i en elektrisk stavmixerskål utrustad med visptillbehör. Mixa på låg hastighet medan du förbereder de torra ingredienserna.

Vispa ihop proteinpulvret, havremjölet, psylliumskalspulvret och saltet i en medelstor blandningsskål. Stäng av stavmixern och häll i de torra ingredienserna. Sätt tillbaka mixern på låg hastighet och blanda tills de torra ingredienserna är helt införlivade. Skrapa ner skålens sidor om det behövs. Blandningen ska vara tjock och fluffig, som kakdeg.

Häll upp blandningen i den förberedda browniepannan och platta ut den. Täck formen ordentligt med plastfolie och ställ i kylen över natten.

Lyft upp blandningen ur pannan. Skiva i 12 barer.

Lägg en bakmatta av silikon ovanpå en gelérullform och klä proteinbarerna ovanpå.

För chokladbeläggningen:

Rör ner myntasmaken i den smälta chokladen.

Med en stor sked skänker du den smälta chokladen över proteinbarerna. Försök att omsluta hela proteinbaren med choklad, men det behöver inte vara perfekt.

Kyl tills den stelnar (~1 timme). Slå in proteinbarerna individuellt i smörgåspåsar av plast och förvara i kylskåp (förvaras i ~4 dagar).

Utbyte: 12 Proteinbars

85. Millionaires proteinbars

Proteinbars:

- 128 g ($\frac{1}{2}$ kopp) rostat mandelsmör

- 270g (1 kopp + 2 matskedar) osötad vaniljmandelmjölk

- 1 tsk Vaniljbönspasta (du kan göra detta hemma!)

- 1 tsk Vanilj Crème-smaksatt flytande Stevia-extrakt

- 168 g (1$\frac{1}{4}$ koppar, lätt förpackade) Vanilj Brunris Proteinpulver

- 90 g ($\frac{3}{4}$ kopp) havremjöl

- $\frac{1}{8}$ tesked flingat havssalt

- Saltad kola frosting:

- 105 g ($\frac{1}{3}$kopp) ekologisk kolasås

- 63 g ($\frac{1}{2}$ kopp, lätt packad) Vanilj Brunris Proteinpulver

- $\frac{1}{8}$ tesked flingat havssalt

- Choklad-mandelöverdrag:

- 6 oz mörk choklad med mandel

För proteinbarerna:

Klä en 8x8" brownieform med bakplåtspapper. Avsätta.

Tillsätt mandelsmör, mandelmjölk, vaniljpasta och steviaextrakt i en elektrisk stavmixerskål utrustad med visptillbehör. Mixa på låg hastighet medan du förbereder de torra ingredienserna.

I en medelstor mixerskål, vispa ihop proteinpulvret, havremjölet och saltet. Stäng av stavmixern och häll i de torra ingredienserna. Sätt tillbaka mixern på låg hastighet och blanda tills de torra ingredienserna är helt införlivade. Skrapa ner skålens sidor om det behövs. Blandningen ska vara tjock och fluffig, som kakdeg.

Häll upp blandningen i den förberedda browniepannan och platta ut den. Täck formen ordentligt med plastfolie och ställ i kylen över natten.

För Salted Caramel Frosting:

I en liten skål, rör ihop kolasås, proteinpulver och salt. Blandningen ska vara tjock och lite klibbig.

Skeda blandningen över proteinbarbasen och bred ut till kanterna på pannan med baksidan av en sked. Ställ in i frysen utan lock i 1 timme.

Lyft upp blandningen ur pannan. Skiva i 12 barer.

Lägg en bakmatta av silikon ovanpå en gelérullform och klä proteinbarerna ovanpå.

För choklad-mandelöverdraget:

Med en stor sked skänker du den smälta chokladen över proteinbarerna. Försök att omsluta hela baren med choklad, men det behöver inte vara perfekt. Toppa gärna barerna med lite salt till dekoration!

Kyl tills den stelnar (~1 timme). Slå in proteinbarerna individuellt i smörgåspåsar av plast och förvara i kylen.

Utbyte: 12 Proteinbars

86. Scotcheroo Proteinbars

Proteinbars:

- 128 g ($\frac{1}{2}$ kopp) naturligt rostat jordnötssmör

- 210 g ($\frac{1}{2}$ kopp + 2 matskedar) ren lönnsirap

- 1 tesked Natural Butterscotch Flavor

- 65 g ($\frac{2}{3}$kopp) Vaniljvassleproteinpulver

- $\frac{1}{4}$ tesked salt

- 150 g (5 koppar) krispigt brunt risflingor

- Chokladtopping:

- 3 oz ekologisk mjölkchoklad (34 % kakao), smält

För proteinbarerna:

Klä en 8x8" brownieform med bakplåtspapper. Avsätta.

I en stor mixerskål, rör ihop jordnötssmör, ren lönnsirap och smörkolasmak med en silikonspatel.

När blandningen är slät och jämn, rör ner proteinpulvret och saltet.

Vänd försiktigt ner det krispiga bruna risflingorna. När flingorna är helt införlivade, ös upp blandningen i den förberedda browniepannan och platta ut den med silikonspateln.

Till chokladtoppingen:

Häll den smälta chokladen över scotcheroobottnen och luta kastrullen runt tills chokladen täcker hela ytan. Kyl tills den stelnar (~1 timme).

Lyft upp blandningen ur pannan. Skär i 32, 2x1" barer. Slå in scotcheroes i plastpåsar och ställ i kylen för förvaring.

Utbyte: 32 Scotcheroos

87. Elvis Proteinbars

Utbyte: 10 Proteinbars

Ingredienser:

- 128 g ($\frac{1}{2}$ kopp) naturligt rostat jordnötssmör

- 240 g (1 kopp) osötad vaniljmandelmjölk

- 1 tsk Vanilj Crème-smaksatt flytande Stevia-extrakt

- $\frac{1}{2}$ tesked banansmak

- 168 g (1$\frac{1}{4}$ koppar, lätt förpackade) Vanilj Brunris Proteinpulver

- $\frac{1}{2}$ kopp frystorkade bananer, malda till ett pulver (mått efter malning)

- 40 g ($\frac{1}{3}$kopp) havremjöl

- $\frac{1}{8}$ tesked salt

- $\frac{1}{4}$ kopp Baconbitar

a) Klä en 8x8" brownieform med bakplåtspapper. Avsätta.

b) Tillsätt jordnötssmör, mandelmjölk, steviaextrakt och banansmak i en elektrisk mixerskål utrustad med visptillbehör. Mixa på låg hastighet medan du förbereder de torra ingredienserna.

c) Vispa ihop proteinpulver, bananpulver, havremjöl och salt i en medelstor blandningsskål. Stäng av stavmixern och häll i

de torra ingredienserna. Sätt tillbaka mixern på låg
hastighet och blanda tills de torra ingredienserna är helt
införlivade. Skrapa ner skålens sidor, tillsätt baconbitarna
och återgå till låg hastighet för en sista mix. Blandningen
ska vara tjock och fluffig, som kakdeg.

d) Häll ner blandningen i brownieformen och platta ut den.
Täck formen ordentligt med plastfolie och ställ i kylen över
natten.

e) Lyft upp blandningen ur pannan. Skiva i 10 barer. Slå in
proteinbarerna individuellt i smörgåspåsar av plast och
förvara i kylskåp (hålls i ~5 dagar).

88. Jordnötssmör och geléproteinbars

Ingredienser:

- 128 g ($\frac{1}{2}$ kopp) naturligt rostat jordnötssmör

- 270g (1 kopp + 2 matskedar) osötad vaniljmandelmjölk

- $\frac{3}{4}$ tesked Vanilj Crème-smaksatt flytande Stevia-extrakt

- 168 g (1$\frac{1}{4}$ koppar, lätt förpackade) Vanilj Brunris Proteinpulver

- 80 g ($\frac{2}{3}$kopp) havremjöl

- $\frac{1}{4}$ tesked salt

- 10 teskedar 100 % fruktjordgubbsspread (eller annan fruktsmak)

- $\frac{1}{4}$ kopp Rostade jordnötter, hackade

Klä en 8x8" brownieform med bakplåtspapper. Avsätta.

Tillsätt jordnötssmör, mandelmjölk och steviaextrakt i en elektrisk stavmixerskål utrustad med visptillbehör. Mixa på låg hastighet medan du förbereder de torra ingredienserna.

I en medelstor mixerskål, vispa ihop proteinpulvret, havremjölet och saltet. Stäng av stavmixern och häll i de torra ingredienserna. Sätt tillbaka mixern på låg hastighet och blanda tills de torra ingredienserna är helt införlivade. Skrapa ner skålens sidor om det behövs. Blandningen ska vara tjock och fluffig, som kakdeg.

Häll ner blandningen i brownieformen och platta ut den. Täck formen ordentligt med plastfolie och ställ i kylen över natten.

Lyft upp blandningen ur pannan. Skiva i 10 barer. Fördela fruktspridningen över proteinbarsarna (1 tsk för varje bar) och strö över de hackade jordnötterna. För att lagra, placera helt enkelt ett ark bakplåtspapper ovanpå en tårtpiedestal, arrangera proteinbarerna ovanpå och täck med en kakkupol.

Utbyte: 10 Proteinbars

89. Matcha Grönt te Mandel Fudge Proteinbars

Ingredienser:

- 128 g ($\frac{1}{2}$ kopp) rostat mandelsmör

- 240 g (1 kopp) osötad vaniljmandelmjölk

- 1 tsk Vanilj Crème-smaksatt flytande Stevia-extrakt

- $\frac{1}{2}$ tesked mandelextrakt

- 168 g (1$\frac{1}{4}$ koppar, lätt förpackade) Vanilj Brunris Proteinpulver

- 40 g ($\frac{1}{3}$kopp) havremjöl

- 5 tsk Matcha pulver

- $\frac{1}{8}$ tesked salt

- 1 oz ekologisk vit choklad, smält

Klä en 8x8" brownieform med bakplåtspapper. Avsätta.

Tillsätt mandelsmör, mandelmjölk, steviaextrakt och mandelextrakt i en elektrisk stavmixerskål utrustad med visptillbehör. Mixa på låg hastighet medan du förbereder de torra ingredienserna.

Vispa ihop proteinpulver, havremjöl, matcha och salt i en medelstor skål. Stäng av stavmixern och häll i de torra ingredienserna.

Sätt tillbaka mixern på låg hastighet och blanda tills ingredienserna är helt införlivade. Skrapa ner skålens sidor om det behövs. Blandningen ska vara fluffig, som kakdeg.

Häll ner blandningen i brownieformen och platta ut den. Täck formen ordentligt med plastfolie och ställ i kylen över natten.

Lyft upp blandningen ur pannan. Skiva i 10 barer.

Ringla den smälta vita chokladen över stängerna. Kyl tills den stelnar (~30 minuter).

Slå in proteinbarerna individuellt i smörgåspåsar av plast och förvara i kylen.

Utbyte: 10 Proteinbars

90. Super Greens Fudge Proteinbars

Ingredienser:

- 128 g ($\frac{1}{2}$ kopp) rått mandelsmör

- 270g (1 kopp + 2 matskedar) osötad vaniljmandelmjölk

- 1 tsk Vanilj Crème-smaksatt flytande Stevia-extrakt

- 40 droppar alkoholfritt flytande klorofyllkoncentrat (valfritt, det är bara för en snyggare grön färg)

- 168 g (1$\frac{1}{4}$ koppar, lätt förpackade) Vanilj Brunris Proteinpulver

- 60 g ($\frac{1}{2}$ kopp) havremjöl

- 50 g ($\frac{1}{3}$kopp, förpackad) Original Amazing Grass Amazing Meal Powder

- $\frac{1}{8}$ tesked salt

- $\frac{1}{4}$ kopp Mini Semi-Sweet Chocolate Chips eller Cacao Nibs

Klä en 8x8" brownieform med bakplåtspapper. Avsätta.

Tillsätt mandelsmör, mandelmjölk, steviaextrakt och valfritt flytande klorofyll i en elektrisk stavmixerskål utrustad med visptillbehör. Mixa på låg hastighet medan du förbereder de torra ingredienserna.

I en medelstor skål, vispa ihop proteinpulvret, havremjölet, Amazing Grass Amazing Meal-pulver och salt. Stäng av stavmixern och häll i de torra ingredienserna. Sätt tillbaka mixern på låg hastighet och blanda tills de torra ingredienserna är helt införlivade. Skrapa ner skålens sidor om det behövs. Blandningen ska vara tjock och fluffig, som kakdeg.

Häll upp blandningen i den förberedda browniepannan och platta ut den. Strö minichokladchips eller kakaonibs ovanpå och tryck ut dem i ytan. Täck formen ordentligt med plastfolie och ställ i kylen över natten.

Lyft upp blandningen ur pannan. Skiva i 10 barer. Slå in proteinbarerna individuellt i smörgåspåsar av plast och förvara i kylskåp (hålls i ~5 dagar).

Utbyte: 10 Proteinbars

91. Upppumpade proteinbars

Proteinbars:

- 128 g ($\frac{1}{2}$ kopp) rostat mandelsmör

- 270g (1 kopp + 2 matskedar) osötad vaniljmandelmjölk

- 1 tsk Vanilj Crème-smaksatt flytande Stevia-extrakt

- 168 g (1$\frac{1}{4}$ koppar, lätt packade) Chokladbrunt risproteinpulver

- 80 g ($\frac{2}{3}$kopp) havremjöl

- $\frac{1}{8}$ tesked salt

Karamelllager:

- 105 g ($\frac{1}{3}$kopp) ekologisk kolasås

- 63 g ($\frac{1}{2}$ kopp, lätt packad) Vanilj Brunris Proteinpulver

- Choklad-mandelöverdrag:

6 oz mjölkchoklad med saltad mandel, smält

För proteinbarerna:

Klä en 8x8" brownieform med bakplåtspapper. Avsätta.

Tillsätt mandelsmör, mandelmjölk och steviaextrakt i en elektrisk stavmixerskål utrustad med visptillbehör. Mixa på låg hastighet medan du förbereder de torra ingredienserna.

I en medelstor mixerskål, vispa ihop proteinpulvret, havremjölet och saltet. Stäng av stavmixern och häll i de torra ingredienserna. Sätt tillbaka mixern på låg hastighet och blanda tills de torra ingredienserna är helt införlivade. Skrapa ner skålens sidor om det behövs. Blandningen ska vara tjock och fluffig, som kakdeg.

Häll upp blandningen i den förberedda browniepannan och platta ut den.

För karamellskiktet:

I en liten skål, rör ihop kolasåsen och proteinpulvret. Blandningen ska vara tjock och lite klibbig.

Skeda blandningen över proteinbarbasen och bred ut till kanterna på pannan med baksidan av en sked. Ställ in i frysen utan lock i 1 timme.

Lyft upp blandningen ur pannan. Skiva i 12 barer.

Lägg en bakmatta av silikon ovanpå en gelérullform och klä proteinbarerna ovanpå.

För choklad-mandelöverdraget:

Med en stor sked skänker du den smälta chokladen över proteinbarerna. Försök att omsluta hela baren med choklad, men det behöver inte vara perfekt.

Kyl tills den stelnar (~1 timme). Slå in proteinbarerna individuellt i smörgåspåsar av plast och förvara i kylen.

92. Strimlade proteinbars

Proteinbars:

- 128 g (½ kopp) rostat mandelsmör

- 270g (1 kopp + 2 matskedar) osötad vaniljmandelmjölk

- 1 tsk Vanilj Crème-smaksatt flytande Stevia-extrakt

- ½ tesked naturlig smörsmak

- 168 g (1¼ koppar, lätt förpackade) Vanilj Brunris Proteinpulver

- 80 g (⅔kopp) havremjöl

- ⅛ tesked salt

Karamelllager:

- 105 g (⅓kopp) ekologisk kolasås

- 63 g (½ kopp, lätt packad) Vanilj Brunris Proteinpulver

Chokladöverdrag:

- 6 oz ekologisk mjölkchoklad (34 % kakao), smält

För proteinbarerna:

Klä en 8x8" brownieform med bakplåtspapper. Avsätta.

Tillsätt mandelsmör, mandelmjölk, steviaextrakt och smörsmak i en elektrisk stavmixerskål utrustad med visptillbehör. Mixa på låg hastighet medan du förbereder de torra ingredienserna.

I en medelstor mixerskål, vispa ihop proteinpulvret, havremjölet och saltet. Stäng av stavmixern och häll i de torra ingredienserna. Sätt tillbaka mixern på låg hastighet och blanda tills de torra ingredienserna är helt införlivade. Skrapa ner skålens sidor om det behövs. Blandningen ska vara tjock och fluffig, som kakdeg.

Häll upp blandningen i den förberedda browniepannan och platta ut den.

För karamellskiktet:

I en liten skål, rör ihop kolasåsen och proteinpulvret. Blandningen ska vara tjock och lite klibbig.

Skeda blandningen över proteinbarbasen och bred ut till kanterna på pannan med baksidan av en sked. Ställ in i frysen utan lock i 1 timme.

Lyft upp blandningen ur pannan. Skiva i 12 barer.

Lägg en bakmatta av silikon ovanpå en gelérullform och klä proteinbarerna ovanpå.

För chokladbeläggningen:

Med en stor sked skänker du den smälta chokladen över proteinbarerna. Försök att omsluta hela baren med choklad, men det behöver inte vara perfekt.

Kyl tills den stelnar (~1 timme). Slå in proteinbarerna individuellt i smörgåspåsar av plast och förvara i kylen.

Utbyte: 12 Proteinbars

93. Beefcake Proteinbars

Proteinbars:

- 128 g (½ kopp) naturligt rostat jordnötssmör

- 270g (1 kopp + 2 matskedar) osötad vaniljmandelmjölk

- 1 tsk Vanilj Crème-smaksatt flytande Stevia-extrakt

- 168 g (1¼ koppar, lätt förpackade) Vanilj Brunris Proteinpulver

- 80 g (⅔kopp) havremjöl

- ⅛ tesked salt

Karamelllager:

- 105 g (⅓kopp) ekologisk kolasås

- 63 g (½ kopp, lätt packad) Vanilj Brunris Proteinpulver

- ¼ kopp rostade jordnötter

Chokladöverdrag:

- 6 oz ekologisk mjölkchoklad (34 % kakao), smält

För proteinbarerna:

Klä en 8x8" brownieform med bakplåtspapper. Avsätta.

Tillsätt jordnötssmör, mandelmjölk och steviaextrakt i en elektrisk stavmixerskål utrustad med visptillbehör. Mixa på låg hastighet medan du förbereder de torra ingredienserna.

I en medelstor mixerskål, vispa ihop proteinpulvret, havremjölet och saltet. Stäng av stavmixern och häll i de torra ingredienserna. Sätt tillbaka mixern på låg hastighet och blanda tills de torra ingredienserna är helt införlivade. Skrapa ner skålens sidor om det behövs. Blandningen ska vara tjock och fluffig, som kakdeg.

Häll upp blandningen i den förberedda browniepannan och platta ut den.

För karamellskiktet:

I en liten skål, rör ihop kolasåsen och proteinpulvret. Blandningen ska vara tjock och lite klibbig.

Skeda blandningen på proteinbarbasen och bred ut till kanterna av pannan med baksidan av en sked. Strö över de hackade jordnötterna och tryck ut dem i ytan. Ställ in i frysen utan lock i 1 timme.

Lyft upp blandningen ur pannan. Skiva i 12 barer.

Lägg en bakmatta av silikon ovanpå en gelérullform och klä proteinbarerna ovanpå.

För chokladbeläggningen:

Med en stor sked skänker du den smälta chokladen över proteinbarerna. Försök att omsluta hela baren med choklad, men det behöver inte vara perfekt.

Kyl tills den stelnar (~1 timme). Slå in proteinbarerna individuellt i smörgåspåsar av plast och förvara i kylen.

Utbyte: 12 Proteinbars

94. I The Buff Protein Bars

Proteinbars:

- 128 g ($\frac{1}{2}$ kopp) naturligt rostat jordnötssmör

- 270 g osötad vaniljmandelmjölk

- 1 tsk Vanilj Crème-smaksatt flytande Stevia-extrakt

- 168 g ($1\frac{1}{4}$ koppar, lätt förpackade) Vanilj Brunris Proteinpulver

- 80 g ($\frac{2}{3}$kopp) havremjöl

- $\frac{1}{8}$ tesked salt

Chokladöverdrag:

- 6 oz ekologisk mjölkchoklad (34 % kakao), smält

För proteinbarerna:

Klä en 8x8" brownieform med bakplåtspapper. Avsätta.

Tillsätt jordnötssmör, mandelmjölk och steviaextrakt i en elektrisk stavmixerskål utrustad med visptillbehör. Mixa på låg hastighet medan du förbereder de torra ingredienserna.

I en medelstor mixerskål, vispa ihop proteinpulvret, havremjölet och saltet. Stäng av stavmixern och häll i de torra ingredienserna. Sätt tillbaka mixern på låg hastighet och blanda tills de torra ingredienserna är helt införlivade. Skrapa ner skålens sidor om det behövs. Blandningen ska vara tjock och fluffig, som kakdeg.

Häll upp blandningen i den förberedda browniepannan och platta ut den. Täck formen ordentligt med plastfolie och ställ i kylen över natten.

Lyft upp blandningen ur pannan. Skiva i 10 barer.

Lägg en bakmatta av silikon ovanpå en gelérullform och klä proteinbarerna ovanpå.

För chokladbeläggningen:

Med en stor sked skänker du den smälta chokladen över proteinbarerna. Försök att omsluta hela baren med choklad, men det behöver inte vara perfekt.

Kyl tills den stelnar (~1 timme). Slå in proteinbarerna individuellt i smörgåspåsar av plast och förvara i kylen.

Utbyte: 10 Proteinbars

95. Let's Race Proteinbars

Proteinbars:

- 128 g ($\frac{1}{2}$ kopp) naturligt rostat jordnötssmör

- 270g (1 kopp + 2 matskedar) osötad vaniljmandelmjölk

- 1 tsk Vanilj Crème-smaksatt flytande Stevia-extrakt

- 168 g ($1\frac{1}{4}$ koppar, lätt förpackade) Vanilj Brunris Proteinpulver

- 80 g ($\frac{2}{3}$kopp) havremjöl

- $\frac{1}{8}$ tesked salt

Toppings:

- 105 g ($\frac{1}{3}$kopp) ekologisk kolasås

- 63 g ($\frac{1}{2}$ kopp, lätt packad) Vanilj Brunris Proteinpulver

- 24 Pretzel Sticks

- $\frac{1}{4}$ kopp Rostade jordnötter, hackade

Chokladöverdrag:

- 6 oz ekologisk mjölkchoklad (34 % kakao), smält

För proteinbarerna:

Klä en 8x8" brownieform med bakplåtspapper. Avsätta.

Tillsätt jordnötssmör, mandelmjölk och steviaextrakt i en elektrisk stavmixerskål utrustad med visptillbehör. Mixa på låg hastighet medan du förbereder de torra ingredienserna.

I en medelstor mixerskål, vispa ihop proteinpulvret, havremjölet och saltet. Stäng av stavmixern och häll i de torra ingredienserna. Sätt tillbaka mixern på låg hastighet och blanda tills de torra ingredienserna är helt införlivade. Skrapa ner skålens sidor om det behövs. Blandningen ska vara tjock och fluffig, som kakdeg.

Häll upp blandningen i den förberedda browniepannan och platta ut den.

För pålägggen:

I en liten skål, rör ihop kolasåsen och proteinpulvret. Blandningen ska vara tjock och lite klibbig.

Skeda blandningen över proteinbarbasen och bred ut till kanterna på pannan med baksidan av en sked. Tryck ner kringelstavarna (två kringelstavar per bar) och hackade jordnötter i kolan. Ställ in i frysen utan lock i 1 timme.

Lyft upp blandningen ur pannan. Skiva i 12 barer.

Lägg en bakmatta av silikon ovanpå en gelérullform och klä proteinbarerna ovanpå.

För chokladbeläggningen:

Med en stor sked skänker du den smälta chokladen över proteinbarerna. Försök att omsluta hela baren med choklad, men det behöver inte vara perfekt.

Kyl tills den stelnar (~1 timme). Slå in proteinbarerna individuellt i smörgåspåsar av plast och ställ i kyl för förvaring (hålls i ~1 vecka, men kringlorna kommer att vara som knaprigast de första dagarna).

Utbyte: 12 Proteinbars

96. Friska Chubby Hubby Proteinbars

Proteinbars:

- 128 g (½ kopp) naturligt rostat jordnötssmör

- 270g (1 kopp + 2 matskedar) osötad vaniljmandelmjölk

- 1 tsk Vanilj Crème-smaksatt flytande Stevia-extrakt

- 168 g (1¼ koppar, lätt förpackade) Vanilj Brunris Proteinpulver

- 80 g (⅔kopp) havremjöl

- ¼ tesked salt

Toppings:

- 2 oz bittersöt choklad (70 % kakao), smält

- ~1½ koppar Pretzel Sticks, hackade i 1¼" bitar

För proteinbarerna:

Klä en 8x8" brownieform med bakplåtspapper. Avsätta.

Tillsätt jordnötssmör, mandelmjölk och steviaextrakt i en elektrisk stavmixerskål utrustad med visptillbehör. Mixa på låg hastighet medan du förbereder de torra ingredienserna.

I en medelstor mixerskål, vispa ihop proteinpulvret, havremjölet och saltet. Stäng av stavmixern och häll i de torra ingredienserna. Sätt tillbaka mixern på låg hastighet och blanda tills de torra ingredienserna är helt införlivade. Skrapa ner skålens sidor om det behövs. Blandningen ska vara tjock och fluffig, som kakdeg.

Häll upp blandningen i den förberedda browniepannan och platta ut den. Täck formen ordentligt med plastfolie och ställ i kylen över natten.

Lyft upp blandningen ur pannan. Skiva i 10 barer.

Lägg en bakmatta av silikon ovanpå en gelérullform och klä proteinbarerna ovanpå.

För påläggen:

Ringla bara lite smält choklad över proteinbarerna och tryck sedan på de hackade kringlorna ovanpå så att de fäster. Ringla den återstående chokladen över kringlorna.

Kyl tills den stelnar (~1 timme). Slå in proteinbarerna individuellt i smörgåspåsar av plast och ställ i kyl för förvaring (förvaras i ~1 vecka, men kringlorna kommer att vara som knaprigast under de första dagarna... så ät upp dem!).

Utbyte: 10 Proteinbars

97. Kraftfulla proteinbarer

Ingredienser:

- 128 g ($\frac{1}{2}$ kopp) naturligt rostat jordnötssmör

- 240 g (1 kopp) osötad vaniljmandelmjölk

- 160 g ($\frac{1}{2}$ kopp) ekologisk kolasås

- 1 tsk Vanilj Crème-smaksatt flytande Stevia-extrakt

- 147 g (1 kopp, packad) Vanilj Brunris Proteinpulver

- 120 g (1 kopp) jordnötsmjöl

- $\frac{1}{8}$ tesked salt

- 12 oz (3 koppar) Rostade jordnötter

Klä en 8x8" brownieform med bakplåtspapper. Avsätta.

Tillsätt jordnötssmör, mandelmjölk, kolasås och steviaextrakt i en elektrisk stavmixerskål utrustad med visptillbehör. Mixa på låg hastighet medan du förbereder de torra ingredienserna.

I en medelstor blandningsskål, vispa ihop proteinpulvret, jordnötsmjölet och saltet. Stäng av stavmixern och häll i de torra ingredienserna. Sätt tillbaka mixern på låg hastighet och blanda tills de torra ingredienserna är helt införlivade. Skrapa ner skålens sidor om det behövs. Blandningen ska vara tjock, fluffig och lite klibbig, som en våt kakdeg.

Häll upp blandningen i den förberedda browniepannan och platta ut den. Ställ in i frysen i 1 timme.

Lyft upp blandningen ur pannan. Skiva i 12 barer, halvera sedan varje bar på längden så att du får 24 remsor.

Lägg till jordnötterna i en stor skål. Pressa in proteinremsorna i jordnötterna för att täcka remsorna helt. Rulla varje remsa några gånger för att runda ut kanterna och få jordnötterna att fästa helt. Slå in proteinbarerna individuellt i smörgåspåsar av plast och ställ i kyl för förvaring (hålls i ~1 vecka.

Utbyte: 24 Proteinbars

98. Dynamiska proteinbarer

Proteinbars:

- 128 g ($\frac{1}{2}$ kopp) rått kokossmör, smält

- 270 g (1 kopp + 2 matskedar) osötad vanilj kokosmjölk, rumstemperatur

- 1 tsk kokossmaksatt flytande steviaextrakt

- 168 g ($1\frac{1}{4}$ koppar, lätt förpackade) Vanilj Brunris Proteinpulver

- 36 g ($\frac{1}{4}$ kopp) kokosmjöl

- $\frac{1}{8}$ tesked salt

- Choklad-kokos beläggning:

- 6 oz bittersöt choklad (70 % kakao), smält

- 64 g ($\frac{1}{4}$ kopp) rått kokossmör

För proteinbarerna:

Klä en 8x8" brownieform med bakplåtspapper. Avsätta.

Tillsätt det smälta kokossmöret, kokosmjölken och steviaextraktet i en elektrisk stavmixerskål utrustad med visptillbehör. Mixa på låg hastighet medan du förbereder de torra ingredienserna.

Vispa ihop proteinpulvret, kokosmjölet och saltet i en medelstor bunke. Stäng av stavmixern och häll i de torra ingredienserna.

Sätt tillbaka mixern på låg hastighet och blanda tills de torra ingredienserna är helt införlivade. Skrapa ner skålens sidor om det behövs. Blandningen ska vara tjock och fluffig, som kakdeg.

Häll upp blandningen i den förberedda browniepannan och platta ut den. Täck formen ordentligt med plastfolie och ställ i kylen över natten.

Lyft upp blandningen ur pannan och låt den stå på bänken i 10 minuter för att mjukna. Skiva i 12 barer.

Lägg en bakmatta av silikon ovanpå en gelérullform och klä proteinbarerna ovanpå.

För choklad-kokosbeläggningen:

Rör ner kokossmöret i den smälta chokladen.

Med en stor sked skänker du den smälta chokladen över proteinbarerna. Försök att omsluta hela baren med choklad, men det behöver inte vara perfekt.

Kyl tills den stelnar (~1 timme). Slå in proteinbarerna individuellt i smörgåspåsar av plast och förvara i kylen.

Utbyte: 12 Proteinbars

99. Duo Proteinbars

Proteinbars:

- 96 g (6 matskedar) rått kokossmör, smält

- 270 g (1 kopp + 2 matskedar) osötad vanilj kokosmjölk, rumstemperatur

- 1 tsk kokossmaksatt flytande steviaextrakt

- 1 tsk mandelextrakt

- 168 g ($1\frac{1}{4}$ koppar, lätt förpackade) Vanilj Brunris Proteinpulver

- 36 g ($\frac{1}{4}$ kopp) kokosmjöl

- $\frac{1}{8}$ tesked salt

- 48 hela mandlar

- Choklad-kokos beläggning:

- 6 oz bittersöt choklad (70 % kakao), smält

- 64 g ($\frac{1}{4}$ kopp) rått kokossmör

För proteinbarerna:

Klä en 8x8" brownieform med bakplåtspapper. Avsätta.

Tillsätt det smälta kokossmöret, kokosmjölken, steviaextraktet och mandelextraktet i en elektrisk stavmixerskål utrustad med visptillbehör. Mixa på låg hastighet medan du förbereder de torra ingredienserna.

Vispa ihop proteinpulvret, kokosmjölet och saltet i en medelstor bunke. Stäng av stavmixern och häll i de torra ingredienserna. Sätt tillbaka mixern på låg hastighet och blanda tills de torra ingredienserna är helt införlivade. Skrapa ner skålens sidor om det behövs. Blandningen ska vara tjock och fluffig, som kakdeg.

Häll upp blandningen i den förberedda browniepannan och platta ut den. Täck formen ordentligt med plastfolie och ställ i kylen över natten.

Lyft upp blandningen ur pannan. Skiva i 12 barer. Pressa 4-5 mandlar ovanpå varje proteinbar för att göra en rad med mandel.

Lägg en bakmatta av silikon ovanpå en gelérullform och klä proteinbarerna ovanpå.

För choklad-kokosbeläggningen:

Rör ner kokossmöret i den smälta chokladen.

Med en stor sked skänker du den smälta chokladen över proteinbarerna. Försök att omsluta hela baren med choklad, men det behöver inte vara perfekt.

Kyl tills den stelnar (~1 timme). Slå in proteinbarerna individuellt i smörgåspåsar av plast och förvara i kylen.

Utbyte: 12 Proteinbars

100. Death By Chocolate Protein Bars

Proteinbars:

- 128 g ($\frac{1}{2}$ kopp) rostat mandelsmör

- 270g (1 kopp + 2 matskedar) osötad vaniljmandelmjölk

- 1 tsk Vanilj Crème-smaksatt flytande Stevia-extrakt

- $\frac{1}{2}$ tesked naturlig smörsmak

- 168 g (1$\frac{1}{4}$ koppar, lätt packade) Chokladbrunt risproteinpulver

- 80 g ($\frac{2}{3}$kopp) havremjöl

- 20g ($\frac{1}{4}$ kopp) osötat naturligt kakaopulver

- $\frac{1}{4}$ tesked salt

Chokladglasyr:

- 230 g (1 kopp) vanlig, fettfri grekisk yoghurt

- $\frac{1}{2}$ tsk Vanilj Crème-smaksatt flytande Stevia-extrakt

- 10g (2 matskedar) Osötat naturligt kakaopulver

Chokladöverdrag:

- 8 oz bittersöt choklad (70 % kakao), smält

- $\frac{1}{4}$ kopp Mini Semi-Sweet Chocolate Chips

För proteinbarerna:

Klä en 8x8" brownieform med bakplåtspapper. Avsätta.

Tillsätt mandelsmör, mandelmjölk, steviaextrakt och smörsmak i en elektrisk stavmixerskål utrustad med visptillbehör. Mixa på låg hastighet medan du förbereder de torra ingredienserna.

Vispa ihop proteinpulver, havremjöl, kakaopulver och salt i en medelstor blandningsskål. Stäng av stavmixern och häll i de torra ingredienserna. Sätt tillbaka mixern på låg hastighet och blanda tills de torra ingredienserna är helt införlivade. Skrapa ner skålens sidor om det behövs. Blandningen ska vara tjock och fluffig, som kakdeg.

Häll upp blandningen i den förberedda browniepannan och platta ut den.

För chokladfrosting:

Vispa ihop grekisk yoghurt, steviaextrakt och kakaopulver i en liten skål. Bred ut över proteinbarerna. Täck formen ordentligt med plastfolie och ställ i frysen i 1 timme.

Lyft upp blandningen ur pannan. Skiva i 12 barer.

Lägg en bakmatta av silikon ovanpå en gelérullform och klä proteinbarerna ovanpå.

För chokladbeläggningen:

Med en stor sked skänker du den smälta chokladen över proteinbarerna. Försök att omsluta hela baren med choklad, men det behöver inte vara perfekt. Strö chokladbitarna ovanpå.

Kyl tills den stelnar (~1 timme). För att lagra, placera helt enkelt ett ark bakplåtspapper ovanpå en tårtpiedestal, arrangera proteinbarerna ovanpå och täck med en kakkupol.

Utbyte: 12 Proteinbars

SLUTSATS

De bästa dessertbarerna brukar ha lager av smak och finns i många varianter, möjligheterna är oändliga, se vad du kan hitta på!

Dessertbarer är också en riktigt fin julklapp eller andra speciella tillfällespresenter till vänner och familj. Vem skulle inte vilja ta emot ett vackert dekorerat paket fyllt med hemgjorda dessertbarer? Det kan vara en av de bästa presenterna någonsin! De har ganska lång hållbarhet och kan bakas några dagar i förväg. De kan även förvaras i frysen om de är tätt inslagna i plastfolie.

Med den här kokboken kommer du definitivt få dina gäster att vilja komma tillbaka för ännu ett torg att äta!

CPSIA information can be obtained
at www.ICGtesting.com
Printed in the USA
LVHW082043141122
732651LV00003B/76